높은 지능,
낮은 성적표

진성오 · 장철현 · 이요나
이미연 · 김지선 지음

도서
출판 계간문예

높은 지능,
낮은 성적표

진성오 · 장철현 · 이요나
이미연 · 김지선 지음

갑자기 기적 같은 변화가 일어날 수는 없지만,
그렇다고 실망은 아직 이릅니다.
자녀의 낮은 성적에는 원인이 있고
반드시 치유할 수 있는 길이 있습니다.
자녀의 불성실한 태도에도 원인이 있고
반드시 바로 잡을 수 있는 길이 있습니다.
학습상담 현장에서 수많은 청소년의 성적문제를 해결해온
전문가들의 경험과 지혜가 이 책에 수록되어 있기 때문입니다.
내 아이를 포기하기 전에 이 책을 만나십시오.
그리고 길을 찾으십시오.

이어령(전 문화관광부 장관) 추천사 중에서

|머|리|말|

　학부모라면 자녀의 건강과 행복을 가장 바랄 것입니다. 그러면서도 자녀의 학업 성적이 최우선으로 여겨지는 게 학부모 대다수의 입장입니다. 특히 고학년으로 올라갈수록 성적이 오르기는커녕 조금씩 또는 급격하게 떨어진다면 큰 걱정거리일 수밖에 없습니다. '교육 방법이 잘못 된 것일까?', '혹시 내 탓은 아닐까?' '학원을 바꾸고 과외를 시켜야 할까?' 라는 생각에 자책하기도 하고 이유 없이 자녀에게 화를 내기도 할 것입니다. 혹시 지능에 문제가 있을까 싶어 지능검사를 해보면, 지능에는 큰 문제가 없어 안심하는 한편으론 원인을 알 수 없어 더욱 초조해지기도 합니다.
　저학년 때는 성적이 낮아도 나중에는 올라가겠지 하는 막연한 기대감이 가능하지만, 초등학교 4학년 이후가 되도 별반 나아지지 않으면 불안감에 사로잡히게 됩니다. 그래서 학원을 보내거나 과외를 시키게 되고 일시적으로 성적이 오르기도 합니다. 하지만 고학년이 될수록 부모의 이러한 노력에 비해 성적은 제자리걸음하기 일쑤입니다. 오히려 잘하던 아이가 갑자기 성적이 떨어지기도 합니다. 그 과정에서 자녀와의 대화는 줄어들고 아이들은 '자신이 부모를 실망시키는 것이 아닐까' 하며 부모의 눈치를 보기 시작합니다. 심한 경우 성적에 대해 거짓말을 하고 공부에 관해 부모를 속이려 듭니다. 부모의 사소한 걱정 한마디에 과민반응을 보이며 신경질을 내기도 합니다. 그렇다고 부모에게 무작정 반항하는 것도 아니고 비행을 저지르는 것도 아닌, 단순히 노력에 비해 성적이 나오지 않는 경우가 많아서 꾸중하기도 어렵습니다. 즐겁게 학교생활을 하는 것 같지도 않고, 열성적으로 공부를 하는 것 같지도 않은 데다, 집중력이 많이 떨어지는지 공부한 시간에 상응한 결과가 나타나지도 않습니다. 공부 방법에 대해 열심히 타일러보지만 한 동안 효과가 있는 듯싶을 뿐 오래 지속되지는 않습니다. 점점 컴퓨터 게임과 같은 말초적인 놀이에 빠지게 되고 공부를 왜 하고 있는지도 모른 채, 장래 꿈이 무엇인지 물어보아도 그냥 피상적인 대답뿐입니다. 상황이 이쯤에 이르면 부모는 '나중에 어른이 되어서도 이렇게 무기력하고 목표 없이 지내면 어쩌나……' 하는 고민에 빠지기 마련입니다. 만일 당신이 이 같은 상황에 처해 있다면 '자녀에게 무엇을 어떻게 해줄 것인가?' 라는 질문을 던져보고 싶습니다.

실제 상담의 예를 하나 들어보겠습니다. 고등학교 2학년인 한 자녀가 어머니와 같이 찾아 왔습니다. 상담을 받게 된 이유는 하루 중 거의 모든 시간을 책을 보고 문제를 푸는 등 공부에 최선의 노력을 다 하는데 그에 비해 성적이 나오지 않는다는 점이었습니다. 노력으로 보아서는 상위권의 성적을 받아야하는 학생임에도 불구하고 반에서 중간 정도의 성적밖에 받지 못한다는 것입니다. 저는 어머니를 우선 밖으로 나가시게 하고 학생과 솔직한 대화를 나눠보았습니다. 내담자가 거의 자기 생활이 없을 정도로 많은 시간을 공부하는데 사용하고 있으며 나름대로는 열심히 하고 있다는 판단이 들었습니다. 웬만큼 친밀감이 형성된 뒤, 아주 간단하지만 매우 중요한 질문을 해보았습니다.

"그래. 그동안 네가 공부를 열심히 했고, 열심히 노력한 것에 비해 성적이 나오지 않아 많이 힘들었겠구나. 그런데 너는 무슨 이유 때문에 그렇게 공부를 열심히 하니?"

"대학에 가기 위해서요."

"그렇구나. 그럼 대학에 가려고 하는 이유는?"

"……"

이런 질문에 대한 자녀들의 답을 귀담아 들어보면 10명 중 7명은 부모가 하는 말을 그대로 옮겨 놓습니다. 이 학생도 마찬가지였습니다. 위의 대화에서처럼 잠깐의 침묵 뒤에 부모가 자녀에게 되풀이해 온 말이 분명한 그런 소리를 아무런 생각 없이 반복합니다. 이 글을 읽는 부모님과 혹은 이런 아이들을 걱정하는 교사들도 자녀나 학생에게 이 질문을 던져 보십시오. 특히 부모님의 경우 당신이 생각하는 답과 자녀가 말하는 답이 크게 다르지 않다면 진지하게 고민해 보아야 합니다. 어쩌면 자녀의 학업에 대한 고민은 학생 스스로의 고민이 아니라 부모인 당신의 고민일 수 있음을 명확하게 깨달아야 합니다. 더불어 공부를 하는 이유가 학생 스스로를 위해서인지, 부모님을 위해서인지에 대해서도 말입니다. 주도적이고 학습동기가 높은 학생들은 공부를 하는 이유에 대해 '내 꿈을 이루기 위해서', '내가 하고 싶은 일을 하기 위해서' 등 주어가 '나'가 되지만, 주도적이지 않고 동기가 떨어지는 학생들은 '부모님이 원하시니까', '남들에게 무시당하지 않기 위해서', '해야만 하는 거니까', '남들도 다하는 거니까' 등의 대답을 합니다. 수많은 학생들의 학습상담을 하면서 이 같은 공통점은 불변의 진리가 되었습니다.

상담 과정에서 다양한 사람들을 만나면서 점점 더 절감하게 되는 것은 사람은 쉽게 바뀌지 않는다는 사실입니다. 많은 부모님들이 자녀의 공부를 위해서 우수한 선생님과 학원 등의 공부 환경을 만들어 주는 데도 불구하고 기대만큼의 결과가 나오지 않는다고 호소하곤 합니다. 심리상담이나 학습상담 과정에서 흔히 듣게 되는 말 가운데 하나는, "우리 애가 머리는 좋은데 노력을 안 해서……"라는 이야기입니다. 직접 학생들을 만나보면 실제로 지능은 낮지 않으며 오히려 우수 수준에 해당하는 데 성적은 형편없는 경우가 많습니다. 간혹 마치 부모에게 복수라도 하는 것처럼 낮은 성적과 무기력한 생활 태도를 은근히 즐기는 것처럼 보이는 경우도 발견하게 됩니다. 지능은 높은데 공부를 하지 않는 학생, 이러한 학생들은 근본적으로 학습능력 자체의 문제보다는 인생을 살아가는 데 기반이 되는 성취동기 형성이 미약한 게 더 큰 문제점입니다. 성취동기란 어려움을 극복하고 자신의 능력을 발휘하여 곤란한 일을 해결해 목표를 달성하려는 욕구(H.A. Murray, 1938)를 일컬으며 성취과정 자체에서 만족을 얻으려는 내적 의욕을 말합니다. 성취동기가 높은 사람들은 학업성취, 업적, 명성, 재산과 같은 외적인 보상이나 성취결과에 연연해하지 않고 어려운 일을 훌륭히 성취하는 과정 자체에서 만족을 얻습니다.

성취동기가 낮은 청소년은 심각한 심리적 문제나 신체적인 질병을 가지고 있는 것은 아니지만 자신의 능력을 최대한 발휘하지 않습니다. 자신의 미래의 가능성을 스스로 포기하는 태도를 가지기도 합니다. 이렇듯 성취동기가 낮은 청소년은 자신과 부모를 힘들게 할 뿐 아니라 사회의 잠재력을 제한하는 원인이기도 합니다. 이 책은 이러한 자녀를 둔 부모님들에게 조금이라도 도움이 되기 위해 마련되었습니다. 책의 내용 중 상담사례나 경험을 피력한 부분들은 내담자의 비밀보장 원칙으로 인해 다소 수정되었으며 더불어 이론적인 측면은 다양한 동기형성이론들에 근거하여 재구성한 것입니다. 저자들의 독단적인 사고에 의해서 만들어진 것이 아니라 이 분야의 여러 전문 선생님들의 지식들과 저자들의 다양한 상담사례와 경험이 결합되었음을 미리 말씀드립니다. 이 한권의 책으로 갑자기 기적 같은 변화가 일어날 수는 없겠지만 자녀와 더 깊이 있는 대화를 나누는 데 크게 도움이 될 것입니다. 더 나아가 부모 자신의 내적 동기에 근거하여 가치 있는 인생을 살아가는 내적 통찰을 경험하고 싶은 부모와 청소년, 또 학습에 대한 동기를 도와주려는 여러 전문가와 학습 현장에서 아이들을 대하는 일을 하시는 모든 분들에게 도움이 될 것이라 확신합니다.

  책의 내용은 학업 성취를 중심으로 구성되어 있습니다. 어느 나라보다도 우리나라 현실에서는 학업 성취가 아동, 청소년의 삶에 미치는 영향이 절대적이기 때문입니다. 성취동기는 학업뿐만이 아니라 인생을 행복하고 성공적으로 살아가는데 있어서 반드시 수반되어야 합니다. 더 나은 성취를 위해 자신의 삶을 바친 모든 분들에게 행운이 함께 하기를 기원합니다.

Contents

머리말 · 004

1장 · 높은 지능, 낮은 성적표 · 015

2장 · 성취동기가 낮은 아동, 청소년의 특성 · 021
  1) 성취동기가 낮은 아동, 청소년의 일반적 특성
    ① 성공, 성취를 위한 노력이 미흡
    ② 본인 스스로가 잘하기를 원하면서도 인내심을 보이지 않음
    ③ 만성적인 문제이며 저절로 나아지지 않음
    ④ 삶의 한 가지 이상의 영역에서 발생함
    ⑤ 일상적인 일에 태만
  2) 성취동기가 낮은 아동, 청소년의 성격적 특성
    ① 자기 통제력과 책임감 부족
    ② 자신의 실패에 따른 책임을 회피
    ③ 미래를 위해 현재를 희생하지 않음
    ④ 자신의 일에 주도적이지 않음(지나치게 의존적임)
    ⑤ 책임감 자체를 두려워함
    ⑥ 자신의 무책임을 변명으로 감추려함
    ⑦ 자신과 타인에게 거짓말을 함
    ⑧ 자기 억제력 부족(만족을 지연시키기 힘들어함)
    ⑨ 자기이해와 자기통찰 부족
  3) 성취동기가 낮은 아동, 청소년의 본질적 특성

3장 · 성취동기가 낮은 아동, 청소년의 유형 · 043
　유형 1. 미루는 유형
　유형 2. 완벽주의형
　유형 3. 자포자기형
　유형 4. 수줍은 유형
　유형 5. 사교형
　유형 6. 거짓말 유형

4장 · 성취동기가 낮은 아동, 청소년에게 도움이 되지
　　　않는 방법 · 107
　1) 논리적인 설득
　2) 당근과 채찍
　3) 개인과외를 비롯한 다른 교육적 방법들
　4) 고통스러운 결과를 경험하게 놓아두는 것

5장 · 부모가 알아야 할 다섯 가지 원칙 · 117
　원칙 1 : 부모도 함께 할 것
　원칙 2 : 일관된 가치관을 세울 것
　원칙 3 : 변명하지 말 것
　원칙 4 : 환경을 바꾸기보다 자녀를 바꿀 것
　원칙 5 : '거친 인생길'에 대해 깨닫게 할 것

6장 · 변화를 위한 원칙 · 133
   예비원칙 1 : 부모의 가치관 정립
   예비원칙 2 : 긍정적 접근 방법 수립
   예비원칙 3 : 학교생활 관련 거짓말 안하기
   예비원칙 4 : '할 일은 꼭 해야만 한다' 는 원칙을
              정하기
   예비원칙 5 : 저항과 의존성 다루기
   예비원칙 6 : 효과적 의사소통 기법

7장 · 성취동기를 높이는 10단계 · 155
   1단계 : 정직성, 신뢰, 진리의 가치 깨닫기
   2단계 : 단기 목표 및 장기 목표 설정하기
   3단계 : 목표를 이루기 위한 방법 탐색하기
   4단계 : 하나의 문제를 선택하여 자녀의 시각에서
          바라보기
   5단계 : 목표 달성이나 실패를 기하는 자녀의 현재
          문제 점검하기
   6단계 : 성취를 달성하기 위한 구체적인 계획 세우기
   7단계 : 자신의 계획과 실제 수행 결과의 차이를
          점검하기
          – 실패나 성공을 일으키는 원인 분석하기
   8단계 : 자기 돌아보기
          – 자신의 계획과 그에 따른 결과를 반성하기

9단계 : 계획에 대한 책임 굳건히 하기
10단계 : 성공과 실패에서 교훈 얻기

맺음말 · 185

1장
높은 지능, 낮은 성적표

1장 · 높은 지능, 낮은 성적표

유명 대학 교수인 아버지와 명문대 출신 어머니를 둔 고등학교 3학년 학생이 상담실에 찾아왔습니다. 학생은 키도 크고 잘생겼으며 예의도 바른 편이어서 호감 가는 유형이었고 친구들 사이에서도 인기가 높을 것 같았습니다. 어머니가 처음 하신 말씀은 내담자가 생활 태도는 훌륭한 편이지만 학교 시험에서는 거의 전교 꼴찌 수준이라는 탄식이었습니다. 공부를 아예 도외시하면 그럴 수도 있겠지만, 자녀의 지능이 반에서 가장 우수한 그룹에 속하고 또 모의고사의 경우 전교 10등 안에 들어간 적도 있었다는 것입니다. 어머니가 걱정을 말하는 동안 학생은 조용히 고개를 숙이고 앉아 있었습니다. 비행 문제가 있거나 부모 자녀

간의 갈등이 있어서 상담실을 찾아온 대다수의 경우에는 부모가 이야기 하는 동안 아이들은 거칠고 산만하고 신경질적인 경우가 많습니다. 하지만 이 학생의 경우는 그런 모습은 어디에서도 찾아 볼 수 없을 만큼 예의가 바른 편이어서 상담을 하면서도 의문점이 생겼습니다.

상담을 시작하기 전에는 현재의 상황을 파악하기 위해 학교와 가정 내적인 부분에 관한 사전면담을 하게 됩니다. 기질이나 성향, 지능이 모두 뛰어남에도 불구하고 성적이 나오지 않는 이유를 알기 위해 면담을 시작하자 가정 내의 형제관계에서 문제가 있는 것을 금방 알 수 있었습니다. 이 학생에게는 자신이 전혀 쫓아가지 못할 수준의 나무랄 데 없는 형이 한 명 있었는데, 자신이 아무리 노력해도 형만큼 부모로부터 주목받지 못할 것이라는 생각이 뿌리 깊게 박혀 있었습니다. 또 처음에 보았던 인상과는 다르게 부모가 잠들면 몰래 밖에 나가 한밤중에 거리를 헤매거나 담배를 피우는 등의 행동을 하였다고 털어놓았습니다. 물론 부모들은 이 사실을 전혀 모르고 있었습니다. 본인 스스로 학교 시험을 잘 보고 싶은 의지는 있으나 실제 열심히 공부하려는 동기는 거의 찾아 볼 수 없었습니다. 말 그대로 '좋은 머리, 나쁜 성적표'의 전형이었습니다.

머리말의 예에서 나왔듯이 공부를 해야 할 이유를 묻자 부모님의 말씀을 앵무새처럼 되풀이하는 학생에게 평소의 학습 습관과 시험을 준비하는 방법 등을 자세히 물어본 후에 상담자는 다음과 같이 이야기했습니다.

"열심히 한다고 했는데도 성적이 나오지 않아 그동안 많이 속상했겠구나.. 너만 그런 게 아니라 많은 학생들도 그러니까 너무 걱정하지 않아도 돼. 선생님이랑 툭 털어놓고 이야기하다 보면 좋은 방법이 생길 거야. 선생님이 보기에 너는 공부를 왜 하며, 또 대학은 왜 가야하는지에 대해 진지하게 생각해 본 적이 없는 것 같다. 그리고 노력에 비해 성적이 나오지 않는다고 하는데 그 원인이 자기 자신이 아니라 다른 무엇에 있다고 여기는 거 같아. 혹시 그렇다면 그게 옳은 건지 틀린 건지부터 살펴봐야겠지. 선생님 말은 네가 노력을 하지 않았다는 게 아니라 노력의 의미와 목표를 스스로 진지하게 생각해보지 않았다는 거야. 왜 공부를 하는지 이유를 알고 목표를 정해서 다른 사람을 위해서가 아니라 바로 나를 위해서 공부를 해야 한다는 사실을 깊이 깨닫는 게 정말 중요하단다. 그 깨달음만 확실하면 잘못된 공부습관 바로 잡고 효율적인 학습방법을 익히는 건 정말 쉬워. 그렇게만 하면 성적은 반드시 올라가게 돼 있어." 이야기가 끝나자 내담자는 물끄러미 상담자를 쳐다보았습니다. 반신반의하는 표정이 역력했지만 이러한 반응은 보편적이었기 때문에 별로 개의치 않았습니다. 학습동기 혹은 내적 동기의 힘을 조금이라도 실감하고 나면, 이 아이가 자신의 문제점을 정확히 인식하고 또 부모가 아이를 대하는 잘못된 태도를 바꾸는 일도 저절로 뒤따르기 때문이었습니다.

위 상담사례는 학교에서 아이들을 지도해본 경험이 있는 분들은 물론이고 많은 학부모님께서도 내 아이의 경우와 흡사하다 여길 것입니다. 이렇듯 특별히 문제가 있는 것도 아니고 나름대로 열심히 노력하고 생활도 착실한 편인데 시험만 보면 성적이 제대로 나오지 않는 청소년들은 의외로 흔한 편입니다. 능력이 있음에도 불구하고 자신의 능력을 최대한 발휘하지 못하거나 그렇게 하는 것에 대해 귀찮아하거나 오히려 자신의 능력 이하의 성취에 만족하는 청소년들 말입니다. 성취동기가 낮은 이러한 청소년들이 잘못된 습관을 버리고 자신의 능력을 최대한 발휘하게끔 지도하는 일은 무엇보다 중요한 부모의 역할이며 교사의 본분일 것입니다. 성공을 경험하게 이끌어 만족한 인생을 살게 하는 것 또한 모든 부모님과 선생님의 사명일 것입니다. 이러한 사명을 다하기 위한 첫 번째 발걸음은 바로 성취동기 낮은 학생들의 유형은 어떤 것이며 그 이유가 무엇인지에 대한 이해에서 시작되어야 합니다.

2장
성취동기가 낮은 아동, 청소년의 특성

1) 성취동기가 낮은 아동, 청소년의 일반적 특성
   ① 성공, 성취를 위한 노력이 미흡
   ② 본인 스스로가 잘하기를 원하면서도 인내심을 보이지 않음
   ③ 만성적인 문제이며 저절로 나아지지 않음
   ④ 삶의 한 가지 이상의 영역에서 발생함
   ⑤ 일상적인 일에 태만

2) 성취동기가 낮은 아동, 청소년의 성격적 특성
   ① 자기 통제력과 책임감 부족
   ② 자신의 실패에 따른 책임을 회피
   ③ 미래를 위해 현재를 희생하지 않음
   ④ 자신의 일에 주도적이지 않음
      (지나치게 의존적임)
   ⑤ 책임감 자체를 두려워함
   ⑥ 자신의 무책임을 변명으로 감추려함
   ⑦ 자신과 타인에게 거짓말을 함
   ⑧ 자기 억제력 부족
      (만족을 지연시키기 힘들어함)
   ⑨ 자기이해와 자기통찰 부족

3) 성취동기가 낮은 아동, 청소년의 본질적 특성

2장 · 성취동기가 낮은 아동, 청소년의 특성

이번 장에서는 성취동기가 낮아 성공적인 결과를 얻지 못하는 자녀와 청소년을 이해하는 데에 주력하고자 합니다. 1)성취동기가 낮은 청소년의 일반적 특성, 2)성취동기가 낮은 청소년의 성격적 특성, 3)성취동기가 낮은 청소년의 본질적 특성의 순서대로 설명하겠습니다.

1) 성취동기가 낮은 아동, 청소년의 일반적 특성

① 성공, 성취를 위한 노력이 미흡

앞에서도 설명했듯이, 성취동기가 낮은 아동, 청소년들 중 대다수가 평균 이상의 지능을 가지고 있습니다. 그들은 신체적, 신경학적인 손상이 거의 없으며, 좋은 성적을 얻을 수 있는 충분한 잠재력을 가지고 있습니다. 그러나 공부를 잘하기 위해 요구되는 충분한 노력을 하지 않으며 무엇인가를 수행하는 과정에서 느껴지는 성취감도 거의 경험해본 적이 없는 경우가 많습니다. 과정 자체에서 만족감을 느끼지 못하다보니 공부를 잘하기 위해 노력하는 과정을 힘들어 하고, 그 결과 좋은 성적을 얻기가 힘들어지는 것입니다. 그래서 결국은 수업시간에 낮잠을 자기도 하고, 공부를 하는 척하며 놀기도 하고, 심지어 학교에 가는 것을 거부하기도 합니다. 그들은 '지능의 부족함'이 아닌 '노력의 부족함'을 가지고 있는 것입니다.

② 본인 스스로가 잘하기를 원하면서도 인내심을 보이지 않음

성취동기가 낮은 청소년은 좋은 성적을 받고 싶어 하면서도 그것을 위해 인내심을 가지고 노력하지는 않습니다. 그들은 잘하고자 하는 욕구가 부족하다기보다 그 욕구를 지속시키는 인내의 부족으로 인해 학업에 실패하게 됩니다. 그래서 겉에서 볼 때 말 따로 행동 따로인 모순된 태도를 보이기도 합니다. 실제로는 그들 부모의 공부에 대한 가치관임에도 불구하고 그 가치기준을 자신의 것으로 별 생각 없이 내면화시켜 부모의 가치기준을 곧 자신의 가치기준으로 동일시화해서 자신의 것으로 삼는 경우도 많습니다. 진정한 '나'의 가치기준이 아니다보니 인내를 필요로 하는 어렵고 힘든 상황에서 쉽게 포기해버리고 마는 것입니다. 머리말에서 제시된 사례처럼 "공부를 왜 하는가?"에 대한 질문에 자녀들 대부분이 자신의 생각을 말하는 것이 아니라 부모가 자녀에게 했던 말들을 되풀이하는 것처럼 말입니다. 나중에 다루겠지만 이러한 이유로 인해서 학습치료 초기에는 자신이 진정 원하는 것이 무엇인지에 대한 진지한 고민을 하도록 권유하는 게 매우 효과적입니다.

③ 만성적인 문제이며 저절로 나아지지 않음

위에서 언급한 특성들이 일 년 이상 지속되었다면 이미 만성적인 문제라고 봐야하며, 그러한 상황에서 스스로 문제를 인식하고 개선하기는 결코 쉽지 않습니다. 사춘기를 겪게 되는 청소년기에는 여러 가지 이유로 인해 일시적으로 성적이 낮게 나올 수 있습니다. 특히 이러한 상황은 초등학교에서 중학교, 중학교에서 고등학교로 진학하는 무렵처럼 급격한 변화를 겪게 될 때 더 많이 볼 수 있습니다. 많은 부모나 학생들이 이미 알고 있듯이 초등학생이 중학생이 된다는 것은 지금까지보다 더 높은 수준의 학습 환경에 적응해야함을 의미하기 때문에 일시적으로 어떤 아이들은 낮은 성취를 나타낼 수도 있습니다. 그러나 이러한 상황에서 잘 적응하여 적절한 성취감을 맛본 청소년들은 주변 환경의 요구 수준에 맞는 학습을 하기 위해 노력을 합니다. 그러나 성취동기가 낮은 청소년들은 이 기간이 길어지기 시작하면서 학습에 대한 의욕이 떨어지고, 학습 이외의 일상생활을 꾸려나가는 것도 많이 힘들어합니다. 낮은 성취가 일상화되고 습관화되어 버린 결과입니다. 이미 낮은 성취가 습관화되어버린 청소년들은 무기력해져서 스스로 좋아지기 위한 노력을 하지 않습니다. 이러한 경우 부모들과 교사들의 적극적인 개입과 노력이 필히 뒤따라야하며 무기력해진 청소년들의 학업성취와 학교적응에 어떤 문제점이 발생하는지 주시해야 할 것입니다.

④ 삶의 한 가지 이상의 영역에서 발생함

성취동기가 낮은 청소년들은 공부뿐 아니라 자신의 잠재력을 발휘해야 하는 다른 영역에서도 노력을 게을리 합니다. 노력이 앞서야 거둘 수 있는 성취의 기쁨을 거의 경험해 본 적이 없는 청소년들은 컴퓨터 게임, 혹은 환타지 소설 등 안일한 쾌락에 빠지기 쉽고, 몸을 움직여야 하는 운동이나 취미생활에는 무기력해지기 십상입니다. 만사를 귀찮아하고 열정적인 생활은 아예 담을 쌓는 태도로 일관합니다. 자신의 일을 마치 남의 일처럼 여기는 자녀를 보면 부모님들은 울화가 치밀어 오를 것입니다. 이런 청소년들 중에는 자신도 모르고 부모님도 모르는 사이 청소년기 가면 우울증 증상을 보이는 경우도 있습니다. 즉 이러 저러한 이유로 사실 매우 우울한 상태에 있는데 이에 대한 자각도 떨어지고 부모님이나 선생님들도 잘 알지 못해서 마냥 아이 탓만을 하는 경우가 생기는 것입니다. 나중에 우울증임이 밝혀지고 나서야 본인은 물론 부모님도 크게 놀라는 경우가 많습니다.

이처럼 학업 성취에서 보이는 어려움은 청소년기의 여러 문제들 중의 하나일 뿐이며 이러한 문제가 장기적으로 지속될 경우 다른 영역의 성취에서도 좋은 결과를 얻지 못하게 됩니다. 더욱 심각한 문제는 이러한 경향이 굳어지면 성인이 되어서도 수동적이며 미성숙한 태도로 인한 잦은 실패를 피할 수 없으며, 주변 환경에 원만하게 적응한다고 하더라도 자신의 역량을 충분히 발휘하지 못하는 결과를 초래할 확률이 높다는 점입니다.

⑤ 일상적으로 해야 할 일들에서 수행을 하지 않음

자신의 능력을 최대한 발휘하기 위해서는 목표치를 과도하게 잡거나 한꺼번에 많은 노력을 하기보다는 하루하루 성실하게 생활하는 것이 훨씬 효과적입니다. 성취동기가 낮은 청소년 대부분은 목표를 달성하는 데에 꼭 필요한 일상적이며 반복적인 일에 게으른 편입니다. 충분히 감당할 수 있는 목표치를 설정해놓고도 기본적이며 일상적인 의무를 등한시해서 결국은 실패에 이르는 경우가 흔합니다.

2) 성취동기가 낮은 아동, 청소년의 성격적 특성

성취동기가 낮은 학생의 성향은 비교적 긴 시간에 걸쳐 형성되어 온 특성을 지니고 있습니다. 교사와 부모가 방치하는 사이 이러한 성향이 자신의 정체성으로 굳어지는 것입니다. 성취동기가 낮은 청소년들의 대부분은 지적·신체적 능력을 충분히 갖추고 있음에도 불구하고 이러한 능력을 여러 상황에서 적절하게 대처하거나 활용하지 못합니다. 주변에서 이 점을 잘못 이해하면 자녀의 내적 요인보다 외적 요인에서 문제점을 찾으려들고 결과적으로는 잘못된 개입을 하게 됩니다. 외적인 환경을 개선시키면 나아질 것이라고 판단한 부모들은 학원이나 과외선생님을 붙여 주기도 합니다. 이러한 해결방안은 단기적인 효과를 줄 뿐, 자녀들의 근본적인 문제점을 개선하기는 역부족입니다. 근원적 문제의 출발점인 성격적인 측면을 올바르게 이해하는 것이 문제를 해결하는 첫걸음입니다. 성격적 특성을 잘 파악해야 좋은 해결방안이 도출되는 것은 지극히 당연한 일이겠습니다.

① 자기 통제력과 책임감이 부족함

자기 통제 없는 성취는 불가능합니다. 자기 통제는 두 가지의 측면에서 살펴볼 수 있는데, 하나는 시작 단계에서의 자기 통제이고 다른 하나는 진행과정에 대한 책임으로써의 자기 통제입니다.

첫 번째 측면의 자기 통제는 하고 싶은 마음보다 해야 하는 의무를 시작할 때를 뜻합니다. 자신이 하고 싶은 일을 할 때에는 자기 통제가 필요 없지만 자신이 원하는 때에만 의무를 수행한다면 어떤 성취도 이룰 수 없을 것입니다. TV를 보거나 게임을 하는 것은 스스로를 통제할 필요가 없지만 하기 싫어도 해야 하는 의무를 수행할 때에는 자기 통제가 훨씬 필요한 것은 당연한 일입니다. 성취동기가 낮은 청소년 대부분은 자기 통제력이 부족하며 의무적인 일을 시작할 때에도 마치 남의 일인 것처럼 여기며 다른 사람에게 의존합니다. 다음과 같은 예를 들어보면 성취자와 비성취자가 자기 통제력에 어떤 차이를 보이는 지 확연하게 드러납니다.

　국어과제로 글짓기를 할 때, 성취자들은 자신에게 글짓기할 시간이 많이 주어지지 않음을 우선 생각하고 바로 시작하지 않으면 그것을 다 해내지 못할 것이라고 판단합니다. 그래서 하고 싶지 않더라도 자기를 통제할 수 있는 학생은 곧바로 의자에 앉아 연필을 들고 자신의 글쓰기 숙제를 시작합니다. 숙제를 미루었을 때 벌어질 수 있는 나쁜 상황을 예상하고, 하기 싫은 과제임에도 불구하고 그것을 해낸 다음의 성취감도 뿌듯하게 경험하게 됩니다. 스스로 하기 싫은 유혹을 이겨 내고 미래의 목표를 성취하는 훈련이 자연스럽게 이루어지는 것입니다. 반면 성취동기가 낮은 청소년들은 자신의 행동에 대한 미래의 결과를 예상하려 들지 않습니다. 그들은 자신이 일을 시작하고 싶지 않은 그 순간의 감정에 몰두해서 당장 해야 할 일은 미뤄두고 전혀 엉뚱한 일을 하려고 듭니다. 현재 주어진 상황에서 회피하고 당장의 즐거움을 찾아 도망가는 것입니다.

　두 번째 측면의 자기 통제는 자신이 하고 있는 일에 대한 책임으로써의 자기 통제입니다. 책임감이 있으며 성취적인 사람들은 일을 포기하고 싶거나 놀고 싶은 욕구를 참고 일을 끝까지 수행하여 자신의 노력이 유지되도록 합니다. 일을 시작하는 것도 중요하지만 꾸준히 유지하고 진행하는 노력이 더욱 중요합니다. 어떠한 일을 마무리하기 위해서는 완성까지의 책임감과 그에 따른 노력이 필히 수반되어야 합니다.

어떤 학생이 영어 시험에서 90점 이상의 점수를 받으려고 합니다. 그 학생은 90점 이상을 받기 위해서 '최선을 다해' 영어공부를 해야 합니다. 사전을 찾고, 모르는 단어를 외우고, 문제를 푸는 등의 노력을 통해 자신의 영어실력을 향상시켜야 할 것입니다. 이러한 노력은 미래나 과거에 해야 하는 것이 아닌 '지금 이 순간에 최선'을 다하는 것을 의미합니다. 즉 '순간에 최선을 다하고 순간을 사는' 마음가짐이 필요한 것입니다. 이 학생은 목표를 완수할 때까지 지속적으로 자신의 목표를 잊지 않을 것입니다. 잘하고 싶은 욕심으로 불안한 마음을 가질 것이고 적당한 불안감은 자신을 채찍질하여 스스로를 각성시키고 공부를 계속하도록 하는 추진력이 될 것입니다. 결국 자신의 목표를 달성하기 위해 공부를 지속적으로 하게 되고 이 학생은 자신의 인생에서 성취감을 경험할 것이며 순간순간에 최선을 다하는 습관을 가지게 될 것입니다.

반면, 성취동기가 낮은 청소년은 이러한 자기통제와 실행의 의무에서 점점 멀어지면서 그 결과로 지루함, 공허감, 무능감, 우울감 등의 정서적 고통을 겪게 됩니다. 성취동기가 높은 청소년은 주어진 순간순간('지금-여기')에 최선을 다하는 반면, 성취동기가 낮은 청소년들은 일상에서 자주 느껴야 할 만족감이나 성취감을 경험하지 못하고 지나간 과거나 다가오지 않은 미래에 초점을 두고 후회하거나 걱정하며 하루하루를 보내는 것입니다.

② 자신의 실패에 대한 책임을 받아들이지 않음

성취동기가 낮은 청소년들은 실패의 책임을 지기보다는 다른 사람을 탓하고 비난하는 것으로 대신하려 듭니다. 스스로 어떤 일에 대한 동기를 만들어 꾸준히 발달시키는 훈련을 거치지 않아 스스로의 감정을 조절하는 것조차 힘겨워합니다. 자기가 진정으로 원하는 것이 무엇인지 고민해본 경험이 절대적으로 부족하기 때문입니다. 보통, 미성숙한 사람들은 문제의 원인이 자신에게 있어도 남을 탓하게 되는데 이러한 심리적 방어태도를 '투사'라고 합니다. 뒤에서 다시 이야기하겠지만 이러한 태도를 보이는 이유는 자신의 솔직한 마음을 들여다보는 것조차 두려워하기 때문입니다. 자아존중감이 낮은 이들은 자신의 실수나 잘못을 인정하는 것이 곧 자기 자신을 깎아내리는 것이라고 믿어 스스로를 불안하게 만듭니다. 자신의 단점을 인정하고 변화시키면 해결될 문제 자체를 자신의 책임과는 전혀 무관한 문제로 외면하려는 심리적인 태도를 가지게 되는 것입니다.

③ 자신의 미래를 위해 자신을 희생하지 않음

성취동기가 낮은 청소년들은 과거에 머물러 있는 삶을 살아가고 있다고도 할 수 있습니다. 성취감을 느끼기 위해서는 노력을 필요로 하지만, 그들은 지금 당장의 쾌락을 위해 미래의 목표를 희생합니다. 성취자들은 장기적 목표의 성취가 주는 기쁨과 만족감을 익히 알고 있기 때문에 현재의 일에 더 열성적이며, 노력의 결과가 가져다 줄 미래의 즐거움을 마음속 깊이 기대하고 또 확신하고 있습니다. 반면에 성취동기가 낮은 청소년들은 성취에 대한 믿음이 부족해서 미래를 위한 인내와 노력을 경주하기 어렵습니다. 더 나아가 장기적인 목표를 성취하기 위한 현재의 의무에 대해 부정적인 감정을 지니게 됩니다. 공부를 해야 하는 경우에도 부정적인 감정이 누적되기 쉽습니다. 싫증, 화남, 지루함, 심지어는 일에 대한 분노 같은 부정적인 감정이 쌓이게 되어 성취를 경험하는 기쁨과 담을 쌓게 만들어 버립니다. 더 악화되면 공부나 학교생활에 대한 긍정적인 감정을 상상조차 할 수 없는 지경에 이르게 됩니다. 그래서 자기 자신을 부정적인 생각과 행동으로 지배하도록 만들어, 실패하고 좌절하는 경험을 되풀이하며 아무런 노력도 기울이지 않는 인생을 살게 되는 것입니다.

④ 자신이 해야 할 일에 대해 주도적이지 않음(지나치게 의존적임)

성취동기가 낮은 청소년들은 누군가가 감독을 해주거나 일대일로 지시를 해 줄 때 최선을 다하는 경향이 있습니다. 이러한 의존성은 일반적으로 주변의 기대에 부응하지 못할 경우에 나타나는데, 이는 다른 사람들로 하여금 나 자신과 관련된 일을 결정하게 하여 자신의 책임을 회피하고 모면하려는 잠재심리에서 기인한 것입니다. 이러한 의존성을 보이는 또 다른 이유 중의 하나는 다른 사람이 자신을 걱정해 주는 것에 대해 내적으로 안정감을 느끼고 불안감을 해소하는 심리에 있습니다. 그래서 부모나 선생님이 자신에 대해 걱정을 하며 점점 더 관심을 가지게 되면 자신이 관심의 대상이며 돌봄을 받고 있다는 식의 그릇된 판단을 하게 됩니다. 결국 이들은 다른 사람들에게 심리·정서적으로 전적으로 의존하는 삶을 살게 됩니다. 걱정과 근심으로부터 자유로운 삶을 살고 싶어 하면서도 책임은 지지 않으려는 모순적인 태도를 가지게 되는 것입니다. 책임감이라는 동전의 반대 면은 의존성이라고도 표현할 수 있을 것입니다.

심리·정서적으로 건강한 사람들은 불안감을 느낄 때, 불안한 마음을 스스로 관리하려고 합니다. 걱정이 없는 사람은 일도 하지 않는 법이듯, 성취동기가 낮은 청소년들은 불안 자체를 외면하기 때문에 문제를 인식하려고도 또 해결하려고도 노력하지 않습니다. 이러한 의존적인 삶의 방식은 궁극적으로 삶의 의미를 잃게 하고 공허감이나 절망감을 증가시키는 결과를 야기합니다. 의존적인 태도는 사고방식에까지 영향을 미쳐 문제를 해결하기 위한 창의적인 사고를 하지 못하게 되며, 자신의 문제를 해결하기 위해 타인의 의견과 해결책을 기다릴 뿐 스스로 나서지 않게 되고 그로 인해 문제 해결은 더욱 어려워하거나 끝내 실패하게 됩니다.

또 한 가지 언급하고 싶은 것은 '헬리콥터 부모' 로 알려진 부모님에 대한 것입니다. 모든 인간은 건강한 상태라면 태어나서부터 자신의 힘으로 무언가를 해내려고 하는 일종의 생존본능을 가지고 있습니다. 그렇기 때문에 대부분의 아이들도 자신이 원하는 것을 얻기 위해 애쓰려 합니다. 그런데 이러한 아이들의 본능이 주변의 인물들, 특히 부모가 원하는 모습으로 성장해나가길 바라는 부모의 욕심이나 가치관과 충돌을 일으키면서 아이의 본능과 열정까지 빼앗기는 경우가 잦습니다. 이렇게 성장한 아동, 청소년은 자신의 힘으로는 날지 못하는 연과 같은 모습을 보입니다. 연을 띄우기 위해서는 바람이 있어야 하는데 이 바람이 그치면 연은 바로 땅으로 떨어지게 됩니다. 그래서 이런 아이들의 부모는 아이가 지나치게 의존적이라고 비난하면서도 아이 혼자 무엇을 하거나 부모의 뜻에 벗어나는 것을 인정하지 못하고 계속 부모 자신에게 얽매어 두려고 합니다. 겉으로는 자녀의 독립을 바라면서도 마음속으로는 아이를 놓아주지 않고, 항상 사소한 것 까지 지시하고 돌보려는 모순된 행동을 버리지 않습니다. 그 결과 무기력하고 의존적인 모습으로 성장하는 청소년을 실제 상담에서 많이 만나보게 됩니다.

⑤ **책임감에 대한 감정을 두려워함**

성취동기가 낮은 청소년 대부분은 어떤 일을 성공하게 되면 그로 인해 더 커질 주변의 기대와 자신이 짊어지어야 할 더 큰 책임을 두려워합니다. 성취동기가 높은 사람들은 새로운 도전이 주어졌을 때 그 일을 자신이 성취감을 더욱 높일 수 있는 기회로 생각합니다. 도전에 뒤따르는 두려움을 노력으로 극복하려는 노력과 그 결과는 자신의 책임임을 당연한 일로 받아들입니다. 성취동기가 낮은 청소년들은 새로운 도전을 자신의 두려움을 배가하는 위협으로 생각해서 도전을 회피하며 무책임한 상황에 안주하려고만 듭니다. 이처럼 도전을 반복적으로 회피하다 보면 결국 도전이 주는 흥분과 성취감을 경험할 기회를 아예 잃어버리게 됩니다.

성취동기가 낮은 청소년이 만일 자신의 노력만으로 무언가를 성취했다고 하더라도 교사와 부모가 평소답지 않은 성과에 별반 반응을 보이지 않거나, 그러다 말겠지 하는 식으로 폄훼하면 성취의 기쁨을 누릴 기회를 놓치게 됩니다. 오히려 도전이 주는 부정적인 감정만 더해지며 노력해봤자 인정받지도 못한다는 생각을 하게 됩니다. 이런 식으로 크고 작은 성취를 인정받지 못하는 경험이 반복되다 보면 굳이 애써서 새로운 도전을 시도할 의욕조차 사라지게 됩니다. 그러한 무기력한 태도는 또다시 교사와 부모에게 비난 받기 마련이며 악순환의 고리는 반복될 수밖에 없습니다. 이처럼 노력하더라도 인정받지 못할 것이라는 자포자기는 시도에 뒤따르는 불안과 책임 회피에 급급해져 과거의 익숙하고 고통스러운 그러나 안전한 실패자로 남게 되는 것입니다.

⑥ 자신의 무책임에 대해 변명을 많이 함

아동, 청소년들이 스스로 책임져야 할 일을 피하려고 든다면 성숙해질 기회는 상실되고 부모나 어른에 대한 의존성만 점점 강해집니다. 성취동기가 낮은 청소년 대부분은 자신의 실수나 실패에 대해 솔직히 인정하기보다는 다음과 같이 핑계를 대고 변명하는 경우가 많습니다.

"나는 분명히 할 수 있는데 안 했을 뿐입니다."
"그것은 내 잘못이 아닙니다."
"그 수업은 지루합니다."
"잊어버렸습니다."
"선생님이 그 문제에 대해서 설명하지 않았습니다."
"그 선생님은 절 싫어해요."
"잘 모르겠습니다."

이러한 변명은 자신도 모르는 사이에 자아존중감과 자기 확신을 떨어뜨리고 자신을 무기력한 존재로 인식하게 만듭니다. 그들은 이러한 변명을 통해 다음과 같은 메시지를 전달합니다. '내가 실패한 것은 내가 통제할 수 없는 주변의 상황으로 인한 것이지 내 잘못이 아닙니다. 그렇기 때문에 당신들은 나를 진정으로 변화시키기 힘들 것입니다' 즉 나는 '불공평한 인생의 희생자'라고 이야기하는 것입니다.

이러한 변명에는 두 가지 형태가 존재합니다. 첫 번째 형태는 '외부로 둘러대는 변명'으로 다른 사람이나 외부 환경에 문제의 원인을 돌리고 비난하는 것입니다. 심리학에서 말하는 '투사'와도 비슷합니다. 이들은 성적이 안 좋게 나온 이유에 대해 수업이, 선생님이, 교재가 재미없고 지루해서라고 대답하는 경우가 많습니다. 두 번째 형태의 변명은 '스스로에 대한 변명'으로 이 경우 비난의 대상이 쉽게 변화하기 어려운 개인적이고 내부적인 요인을 향하곤 합니다. 중요한 시험임에도 공부를 하지 않는 이유를 물어 보면 그들은 중요한 책이나 숙제를 다른 곳에 두고 왔거나 수업과정에서 듣지 못했다는 대답을 하며 줄곧 '잊어버렸어요.'라는 대답을 합니다. 이러한 대답은 자신을 통제할 수 있는 방법이 아무것도 없다는 것을 상징적으로 호소하는 것이기도 합니다. 듣는 교사나 부모의 입장에서 반복적으로 '잊어버렸어요.' 라는 말을 듣게 되면 힘이 빠지고 무기력해지고 맙니다. 그들은 '나는 원래 이렇게 태어났기 때문에 나 자신도 어쩔 수 없다' 는 식의 변명을 늘어 놓는 것입니다. 이러한 변명으로 일관하는 태도는 자신들이 이루어야 할 미래의 목표에 도달할 수 없게 만들고 실패자로 머무르는 결정적 요인으로 작용합니다.

이 상황에서의 가장 큰 문제점은 본인이 뛰어난 잠재력을 가지고 있음에도 불구하고 스스로를 무기력하고 무의미한 존재라고 체념해 버리는 것입니다. 어떤 점에 실패했다는 단순한 의미를 넘어 스스로를 어떤 것에도 늘 실패하며 아무것도 할 수 없는 낙오자로 낙인찍는 것 입니다. 더욱 무서운 것은 스스로의 인생을 비관하고 있는 사실조차 본인은 모르고 있다는 점입니다. 심리학에서는 이를 '학습된 무기력' 이라고 표현하고 있습니다.

⑦ 자신과 타인에게 거짓말을 함

　부모 : "숙제는 다 했니?"
　자녀 : "아까 학교에서 다 했어요."
　부모 : "너, 지금 거짓말 하는 건 아니지?"

위의 대화는 학교에서 돌아온 자녀가 가방은 한쪽에 던져두고 옷도 갈아입지 않은 채 텔레비전을 보거나 바로 컴퓨터를 켜고 게임을 시작 할 때 흔히 주고받는 말입니다. 이 대화만 보아도 평소 부모 자녀 사이 의 관계를 알 수 있습니다. 마지막 질문 하나만 보아도 자녀가 부모에게 자주 거짓말을 해왔음을 알 수 있습니다. 상담 현장에 있다 보면, 많은 부모들이 자신의 자녀가 거짓말을 한다고 속상해하는 모습을 자주 만나게 됩니다. 특히 성취동기가 낮은 청소년을 둔 부모들은 마음속에서 모순된 두 가지 생각이 갈등하는 경우가 많습니다. 하나는 내 아이를 내가 믿어야 하며 내 아이는 착하고 말을 잘 듣기 때문에 진실하다는 것이고 다른 하나는 자신의 경험상 지금 아이가 거짓말을 하고 있을 가능성이 매우 높으며 실제로 과거에 거짓말을 한 것이 들통 난 경우가 잦았다는 것을 떠올려 아이가 거짓말을 하고 있다고 생각하는 것입니다.

그렇다면 그들은 들켜버리고 말 거짓말을 왜 반복적으로 하는 것일까요? 그 이유 중의 하나는 앞에서 언급한 의존적인 성향과 관련이 있습니다. 그들은 다음과 같이 말하고 있는 것입니다. '내가 거짓말을 하는지 안 하는지를 알고 싶다면 당신들은 내 생활에 완벽하게 관심을 가져야 하고 나를 관찰하기 위해서는 나랑 결코 떨어져서는 안 된다.' 라고. 여기서 중요한 부분은 거짓말의 내용보다는 거짓말 그 자체입니다. 거짓말하는 내용에만 빠져들게 되면 부모들은 표면적인 문제만 보게 되고 본질적인 문제를 다룰 수 없게 됩니다.

만성적으로 거짓말을 하는 아동, 청소년들은 자신의 자아존중감과 자신감을 스스로 낮추며 자신의 잘못으로 인해 생기는 죄책감과 부끄러움의 느낌을 회피합니다. 만일 이런 아동, 청소년의 부모가 거짓말한 사실만을 문제 삼고 심리·정서적인 상황에 대해 이해하지 못한다면 아이들이 자신의 장점조차 조금씩 잃어버리게 되는 것을 수수방관하는 꼴이 됩니다.

⑧ 자기 통제력이 부족함(만족을 지연시키기 힘들어함)

자기 통제력이란 자신의 감정을 조절하고 자신의 태도와 정서를 의식적으로 통제하려는 노력을 의미합니다. 성취동기가 낮은 청소년들은 이러한 자기 통제력이 떨어지는데도 불구하고 그들 스스로가 자신의 사고, 정서, 느낌들을 통제하지 못하고 있다는 사실을 인식하지 못합니다. 성취동기가 낮은 청소년은 만일 역사 시간이 지루하다면 역사 과목 자체가 지루한 것이거나 담당 선생님에게 책임이 있는 것이라고 생각합니다. 자신이 공부에 흥미가 없음을 인정하지 않고 자신의 통제력 밖의 상황이나 환경, 타인에게 그 탓을 돌리는 것입니다. 특히 성취동기가 매우 낮은 청소년은 학업이나 성적에 대해 반항심과 적대감을 갖기 쉽습니다. 그 때문에 자신의 감정에 대해 통찰하고 배울 수 있는 기회를 상실하게 되고 우울감에 자주 빠지게 되며 자아존중감은 점점 더 추락하게 됩니다. 이러한 문제를 가지고 있는 아동, 청소년은 공부와 성적만으로는 성취를 경험하기 어려워지며 그를 도우려는 부모와 교사들을 화나게 하고 스스로도 분노하고 실망하는 과정을 반복하여 겪게 됩니다.

반면 성취동기가 높은 학생들은 자신의 감정을 효율적으로 조절할 수 있는 방법을 터득하고 실패나 좌절이 자신의 감정을 지배하지 못하도록 합니다. 목표에 대한 동기를 유지하는데 필요한 기간 동안 부정적인 기분을 긍정적인 것으로 변화시키려는 노력을 하며 감정을 통제하는데 스스로 노력합니다. 하지만 성취동기가 낮은 청소년들은 부정적인 감정을 긍정적인 형태로 변화시키기를 어려워하고 그러한 변화가 불가능하다고 믿기도 합니다. 부정적인 감정이 계속 쌓이니 일을 지속시키고 동기를 유지하기가 더욱 어려워질 뿐입니다.

부정적인 감정과 어려움을 극복하면서 이룬 성취감은 실로 대단합니다. 자신의 감정과 행동을 어느 정도 조절할 수 있는 아동, 청소년은 지루함을 흥미로, 불안을 열정으로, 무지를 지식으로, 실망을 용기로, 부끄러움과 죄책감을 자신감과 성취로 변화시킬 수 있습니다. 이는 성인들조차도 도달하기 어려운 인생의 과제겠지만 아동, 청소년기에 충분히 경험하고 습득하면 누구나 실천할 수 있는 삶의 지혜이기도 합니다.

⑨ 자기이해와 자기통찰이 부족함

성취에 있어서 방해가 되는 요소 중의 하나는 자신의 가치를 경시하는 태도에 있습니다. 자신의 가치를 경시하다 보면 자신감이 부족해지고 자아존중감이 낮아집니다. 성취동기가 낮은 청소년 대부분이 자신의 잠재력, 감정과 느낌, 목표와 꿈, 마음속의 갈등, 스스로를 부정적으로 생각하게 만드는 행동 등에 대한 통찰력이 부족합니다. 이처럼 스스로를 이해하고 통찰하는 힘이 부족하면 좌절감과 실망감은 점점 더 심해질 수밖에 없습니다.

성취동기가 낮은 청소년들은 해야 할 일을 하지 않았을 때, '잊어버려서 못 했어요.', '몰라서 못 했어요.' 라고 대답하곤 합니다. 부모들은 대체로 처음에는 자녀들의 이런 말을 믿어 줍니다. 성취동기가 낮은 청소년 대부분은 자신이 그렇게 무책임한 대답을 하는 원인을 정확하게 알지 못하며 또 알고 싶어 하지도 않습니다. 그러한 문제점을 안다는 것은 곧 책임을 받아들여야 한다는 것을 의미하므로 책임에 따른 두려움을 피하고자 하는 입장에서는 결코 내키지 않는 일이기 때문입니다.

성취동기가 낮은 청소년들은 자기 자신의 행동방식에 대한 이해가 떨어지며 자신이 습관적으로 실패하는 선택을 하고 있다는 사실을 인식하지 못합니다. 또한 자신의 생각이나 감정에 대해 스스로 통찰하고 반성하는 태도가 부족합니다. 간혹 성취하고 싶은 욕구가 있음에도 불구하고 주변의 반응과 그에 대한 책임을 회피하기 위해 애씁니다. 그 결과, 부모로부터 물려받은 '성공에 대한 욕구' 와는 상반되는 실패의 결과를 낳는 행동을 선택하기도 합니다. 이처럼 성취동기가 낮은 청소년들은 자기에 대한 이해와 통찰을 구하지 못하는 한 자신의 행동과 운명을 통제할 수 없어 절망하게 되고, 자신이 왜 그런 삶을 사는지조차 깨닫지 못하는 불행에 빠질 것입니다.

3) 성취동기가 낮은 아동, 청소년의 본질적 특성

　성취동기가 낮은 청소년들은 동기의 측면에서 문제가 나타납니다. 아주 어릴 때에는 동기의 측면에서 문제가 없었던 경우도 있습니다. 그들 중에는 과거 한때 높은 수준의 동기와 의욕을 보인 아동, 청소년들도 많이 있습니다. 본의 아니게 성취에 실패하는 일이 반복되면서 성취감이 주는 행복을 점점 잃어가게 되고, 무의식 속에서 실패하려는 습관이 형성되어 급기야는 성취동기조차 퇴색되고 마는 것입니다. 게다가 학교에서의 학업성취를 어렵게 만드는 자신의 낮은 학습동기를 인식하지 못합니다. 이러한 유형의 청소년 심리는 매우 복잡한 형태를 가지게 되며 올바른 정체성 확립을 크게 저해하여 학업성취를 어렵게 하는 문제의 본질적인 이유로 작용하게 됩니다.

　성취동기가 낮은 청소년들의 이러한 변화 과정은 성인들이 어떤 일을 시행하고 실패했을 때 경험하는 과정과 별반 다르지 않습니다. 성공은 단번에 얻어지는 경우보다는 여러 번의 실패의 경험을 바탕 삼을 때 얻어지는 노력의 결과인 경우가 훨씬 많습니다. 자전거 타는 법을 처음 배울 때, 대부분의 사람은 몇 번의 실패 후 우연히 중심을 잡게 되는 감각을 터득하고 또한 유지하면서 자전거를 원하는 대로 운전하게 됩니다. 처음부터 중심을 잡는다는 것은 불가능하기 때문에 몇 번씩이나 넘어지고 쓰러지는 아픔을 겪게 되는 것입니다. 넘어지고 쓰러지는 두려움에만 붙들리면 자전거 핸들을 쥐는 손은 항상 불안할 수밖에 없고 자전거는 두려움의 대상에서 벗어날 수 없습니다. 단순한 비교이기는 하지만 성취동기가 낮은 청소년들이 실패를 경험하면서 형성하게 되는 자기에 대한 생각을 설명하는 데는 매우 명쾌한 예라고 할 수 있습니다. 넘어지는 것이 무서워 자전거 타는 것을 계속 두려워하면 뒤에서 누군가가 잡아 줄 때에만 자전거에 올라탈 수 있게 됩니다. 이렇듯 성취동기가 낮은 청소년들은 자신도 모르는 사이에 타인에게 의존하는 습성과 자신이 통제할 수 있는 영역에서만 안주하려는 수동적인 태도가 굳어버리고 맙니다.

우리는 성장하면서 자신의 본질, 즉 자기 정체성을 형성합니다. 나는 누구이며 어떤 사람이며 어떻게 행동하는 지에 대한 일종의 자기 자신에 대한 분석이라고 할 수 있는데 이는 우리가 인식하지 못하는 사이에 형성되는 것들 중의 하나입니다. 아동, 청소년의 자기 정체성은 학년이 올라가고 나이가 많아지면서 많은 변화를 겪습니다. 이러한 정체성은 단순히 하나의 단일요소로 구성되는 것이 아니라 주변 환경의 갖가지 영향에 의해 형성되며 자리를 잡아갑니다. 부모, 형제, 친구, 교사 등 주변 사람들의 반응에서 얻어진 나는 누구이며 어떤 사람인지에 대한 정보가 정체성을 이루는 데에 결정적인 요소가 됩니다. 자기 정체성은 본인의 행동을 계획하고, 할 수 있는 일과 없는 일을 구분하며, 해서는 안 될 일과 반드시 해야 할 일 등의 구체적인 행동의 밑바탕이 됩니다.

성취동기가 낮은 청소년 대부분은 자신의 타고난 잠재력이나 능력과는 무관하게 '나는 열심히 공부해도 성적이 잘 나오지 않는 무능하고 무력한 사람' 으로 인식하고 있거나 '나는 재수가 없고 운이 없기 때문에 노력이 정당하게 평가받지 못하고 세상은 항상 자신에게 불리하고 불공평한 것' 으로 받아들이고 있습니다. 또 이러한 생각은 주변 사람들과의 관계에도 영향을 미쳐 '나는 가족 가운데 아무에게도 이해받지 못하는 미운 오리새끼' 라는 강박관념에 시달리게 됩니다. 이러한 강박관념은 스스로 인식하지 못할 정도로 미묘하면서도 전반적으로 생활에 끼치는 영향이 매우 강력해서 시급히 치료되어야 할 마음의 병입니다. 스스로 인식하고 해결하기 어려우니 당연히 부모님의 관심과 도움이 절실한 것입니다. 불행하게도 부모님 역시 자녀의 마음과 심리상태를 인식하지 못해 자녀의 문제는 더욱 악화되는 경우가 참 많이 일어나고 있습니다.

3장
성취동기가 낮은 아동, 청소년의 유형

유형 1. 미루는 유형
유형 2. 완벽주의형
유형 3. 자포자기형
유형 4. 수줍은 유형
유형 5. 사교형
유형 6. 거짓말 유형

3장 · 성취동기가 낮은 아동, 청소년의 유형

　　상담 과정에서 많은 아이들을 접하다 보면, 동기의 문제점이 여러 유형으로 자연스럽게 분류되고 집약됩니다. 유형의 분류는 동기에 문제가 있는 청소년들을 이해하고 치유하는 데 매우 효율적입니다. 이번 장에서는 성취동기가 낮은 청소년의 대표적 유형 6가지를 살펴보고자 합니다. 성취동기가 낮은 청소년 대부분이 여기 분류된 유형 중 하나일 것이며 여러 유형들의 특성이 중복되는 경우도 있을 것입니다. 6가지 유형이 전부라고 말할 순 없습니다. 6가지의 유형에 명확하게 해당되지 않는 경우도 있을 것입니다. 하지만 대략이라도 어떤 유형에 해당되는지 살펴보면 동기에 문제를 지닌 청소년을 이해하고 치유하는

데 적잖은 도움이 될 것은 분명합니다.

유형 1. 미루는 유형

서울대진학이 아니면 대학입시는 실패라고 생각한 지혁이

　지혁이는 고2 남학생입니다. 지능도 우수한 편이고, 핸섬한 외모에 반에서 꽤 인기도 많았습니다. 금융업에 종사하시는 아버지와 교사이면서 자로 잰 듯 반듯한 어머니 밑에서 중학교 3학년까지는 예의바르고, 착실한 모범생이었습니다. 그동안 지혁이는 작은 일 하나도 늘 꼼꼼히 하려 애를 썼습니다. 종종 학교선생님들께서는 지혁이가 세운 계획표나 만든 작품, 쓴 글들을 같은 반 친구들에게 본보기로 보여주곤 하였습니다. 그런데 지혁이는 어렸을 때부터 한 가지 나쁜 습관이 있었습니다. 우연히 초등학교 앞에서 시작한 오락에 재미를 붙여 하교시간이 지나도 오지 않는 지혁이를 어머니가 데리고 오는가 하면 방학 때는 늘상 지혁이를 찾아다니느라 어머니는 방학이 되면 더욱 신경이 곤두서곤 하였습니다. 그래도 늘 1등을 지키는 지혁이는 부모님께 큰소리를 쳤습니다. 공부에 시간을 많이 할애하지 않고, 게임을 즐겨도 성적은 잘 나오다 보니 지혁이는 자신의 행동이 크게 문제가 된다고 생각하지 않았고, 오히려 학습에 지나친 자신을 갖고 있었습니다. 수업태도도 좋아 항상 칭찬을 받고 웬만한 과제는 학교 수업시간 안에서 다 해결하다보니 학교생활에 크게 문제가 될 일도, 숙제를 안 해가 문제가 되는 일도 없었습니다. 고등학생 초기에도 여전히 성적은 우수했습니다. 그런데 어느 날부턴가 잘 나오던 성적이 떨어지기 시작하면서 자신이 그토록 바라고 자신하던 서울대에 갈 수 없을지도 모른다는 걱정이 더러 생겨나기에 이르렀습니다. 덩달아 공부와 성적에 대해 심한 부담감을 느끼게 되었습니다. 서울대가 아니면 대학은 의미가 없다고 생각했던 지혁이로서는 천만뜻밖의 일이었습니다. 날이 갈수록 성적은 곤두박질치고, 학원가는 시간도 잊은 채 pc방에서 게임에 몰두하다가 밤늦은 시간에 들어와 부모님께 혼이 나는 일이 잦아졌습니다. 드디어 학교에 가는 일조차 버거워져 등교거부로 이어지면서 지혁이 스스로도 종잡을 수 없는 상황에 처하게 되었습니다. 부모님은 타일러도 안 되고, 소리쳐도 소용없는 아들을 포기하고 싶은 마음이 하루에도 여러 번 든다며 힘들어하셨습니다. 지혁이와 상담을 하면서 특징적인 태도를 발견했습니다. 중요한 일일수록 더욱 미루는 습관이 그것이었습니다. 학교시험이나 모의고사와 같은 중요한 시험을 앞두면 항상 평상심을 잃고 태도가 흐트러지면서 오히려 게임이나 축구중계를 시청하는 따위에 더욱 열중하는 나쁜 습관에 인이 박힌 것입니다.

그 부분을 집중적으로 상담해보니, 완벽한 계획 하에 하나도 빠짐없이 시간표대로 진행해야 한다는 강박적이고 완벽주의적인 성향이 오히려 진행을 방해하고, 나아가지 못하게 만드는 원인임을 알 수 있었습니다. 보통아이들이 상담실에서 한 주의 계획을 세우는 일을 몇 번만 연습하면 크게 힘들어하지 않고 이행하는데 지혁이는 몇 달이 지나도 책을 보고 체크해야 정확하다며 계획을 미루려고 들고 막상 집에서 해 오겠다고 하면서도 일주일이 가도록 전혀 계획을 잡지 못했습니다. 잘해야 한다는 조바심, 완벽해야 한다는 강박관념이 오히려 실행을 방해하고 부담만 키웠기 때문입니다. 또한 늘 자신이 못하면 어머니가 대신 해 줄 거라는 의존성 때문에 결국 자신의 공부, 자신의 인생도 필요하다면 누군가가 결국은 대신 해줄 거라는 나약하고 위험하기 짝이 없는 성격으로 고착되어 있었습니다.

대다수 부모님들도 경험했다시피 무엇인가를 미루는 습관은 보편적인 습관 가운데 하나일 것입니다. 그러나 대부분의 사람들은 중요하다고 판단되는 일들은 서두르고 미루어도 큰 탈이 없을 듯싶은 일들은 적당히 게으름 피우며 처리해서 일상생활에 큰 문제를 야기하지는 않습니다. 그러나 아픈 곳이 있는데도 병원에 가는 것을 미룬다거나 당장 내일 아침까지 해야 할 일이 있는데도 귀찮아서 하지 않고 미룬다면 이는 분명히 문제가 있는 태도입니다. 미루는 습관에 있어서 가장 안 좋은 태도는 1시간 동안 해야 할 일을 마감시간 몇 분 앞두고 아무 거리낌 없이 단 5분 만에 대충 해치우는 짓입니다. 그렇게 되면 자신이 한 일의 결과는 매우 형편없을 것이며 알게 모르게 자책감도 느끼게 될 것입니다. 이러한 습관을 '발등의 불도 미루기'로 명명하고 싶습니다. 성취동기가 낮은 아동, 청소년들 중 가장 흔한 유형이 바로 이러한 '발등의 불도 미루기' 습관을 가진 아이들입니다. 이러한 유형의 자녀들은 부모나 교사의 지도하에서는 비교적 자신이 맡은 임무, 숙제, 공부 등을 잘해 내며 정해진 시간 안에 성공적으로 일을 마치기도 합니다. 그러나 부모나 교사가 자리를 비우자마자 언제 그랬냐는 듯이 미루는 습성을 다시 나타내는 과정을 반복합니다. 예를 들어 그들이 교사에게 과제를 하지 못했다고 변명할 때, 그 이유에 대해 억울한 표정을 지으며 다음과 같이 구구절절 말을 합니다.

"제가요. 숙제를 하기 싫어서 안 한 게 아니구요. 낮에 깜빡하고 학교에 책을 두고 와서 저녁에 학교에 가서 가져오려고 했는데요. 그런데 학교에 가보니까 학교 교문이 잠겨 있어서 책을 가져올 수가 없었어요. 친구들한테 빌리려고 전화도 해봤는데, 자기들도 숙제를 해야 한다고 해서 도저히 빌릴 수가 없었어요."

즉 자신은 나름대로 열심히 노력했지만 피치 못할 주변의 사정으로 어쩔 수 없었다는 식으로 말합니다. 이렇듯 자신의 문제를 피해가는 방식이 늘 변명에 지나지 않습니다. 자신은 외부 환경의 희생양이고 재수가 없으며 다른 사람들은 자신에게 불공평하며 너그럽지 않다는 내용도 한결같습니다. 자신의 능력을 펼쳐보일 수 있는 교사나 부모의 과제나 요구에 대해서도 시의적절하지 않은 요청 내지는 불공평한 처사라고 비난하며 오히려 자신에게 관심을 기울이는 사람에게 책임을 전가하곤 합니다. 이 유형의 자녀들은 주변으로부터 착한 학생이라고 평가 받는 경우가 많고 객관적으로도 많은 장점을 가진 듯 보일 수 있습니다. 평소 불같이 화를 내거나 파격적인 행동은 거의 없고 조용하고 차분한 태도를 견지합니다. 그래서 학급이나 반에서 전혀 문제를 일으키지 않는 모범생쯤으로 학교생활을 합니다. 이러한 유형에 대해 담임교사는 부모에게 다음과 같이 평가하는 경우가 매우 흔합니다.

"영철이는 선생님들의 말도 잘 듣고 친구들과도 잘 지내는 착한 학생인데 이상하게도 공부에는 게으른 편이고 마치 건망증환자처럼 깜빡깜빡할 때가 많습니다."

미루는 유형의 청소년들은 이러한 자신의 문제점을 지적하는 말을 들을 때마다 문제를 해결하려고 노력하기보다는 더욱 악화되는 경향이 있습니다. 자신을 그렇게 평가하는 사람들은 자신을 잘 이해하지 못해서 헛소리를 하는 것뿐이라고 비난합니다. 이러한 태도는 앞에서도 언급했듯이 심리학 용어로 '투사'라고 합니다. 문제를 알려주고 해결하기 위해 주변 어른들이 하는 조언이 오히려 부작용을 야기하고 때에 따라서는 우울과 무기력을 불러오기도 합니다. 미루는 습관이 좋아지기는커녕 오히려 더욱 심해지는 악순환이 반복되는 것입니다.

미루는 습관을 가진 자녀들은 자신의 행동을 합리화시키기 위해 자신의 문제를 감추곤 합니다. 자신이 부당하게 대우받고 있다고 믿고 있기 때문에 주변의 요구와 정반대되는 태도를 보이고 미루는 습관 때문에 혼이 나면 억울해하며 화를 냅니다. 이러한 태도를 전문적으론 '반동형성'이라고 합니다. 방귀 뀐 놈이 성낸다, 는 속담과 일치하는 행동이겠습니다.

또한 더욱 신중하게 해결해야 하는 일들을 마치 자신과는 아무런 상관이 없는 것처럼 무관심하게 행동합니다. 의도적이건 그렇지 않건 주변 사람들은 더욱 실망하게 되고, 타일러도 혼을 내어도 변화되지 않으니 좌절과 무기력을 거쳐 결국 포기하기에 이릅니다. 그럼에도 불구하고 주변 사람들이 화를 내면 그 모습을 비난하며 자신이 매도당했다고 생각하고 억울해합니다. 이러한 행동의 이면에는 사실 매우 복잡한 부모의 양육태도와 그에 대한 자녀의 심리적 충돌이 도사리고 있습니다. 겉으로 드러나는 것만으로는 아이의 모순된 행동을 이해하는 것이 쉽지 않습니다.

다음 우화는 미루는 습관을 지닌 자녀들의 심리상태를 잘 엿볼 수 있는 일화입니다.

농부인 아버지는 열네 살 아들에게 금요일 저녁 5시 30분까지 소들에게 먹일 풀을 모아 놓도록 시켰습니다. 일을 미루는 습관을 가지고 있는 아들은 이 일을 금요일 늦은 오후까지 미루어 두었습니다. 아버지가 요구한 시간에 거의 임박해서 밖으로 나와 보니 하늘에 먹구름이 가득했습니다. 그것을 보고, '분명히 비가 올 거야. 풀을 베어봤자 괜한 헛수고니까 날씨 좋은 날 해야겠다.'라고 생각하고 집에 들어와 버렸습니다. 아버지가 6시쯤에 돌아와 보니 아들은 TV를 보고 있었습니다. 아버지는 화가 치밀어 크게 혼을 냈습니다. 그러자 아들은 "하늘 좀 보세요. 곧 비가 올 거예요. 풀을 모아 놓아봤자 아무 소용없잖아요. 그런데 무조건 화만 내시면 어떡해요?"라고 소리를 질러 대꾸했습니다. 아버지는 당장 풀을 베어 모아 놓으라고 거듭 명령하였고, 아들은 인상을 잔뜩 찌푸리며 마지못해 풀을 베기 시작했습니다. 일이 끝나고 아버지가 확인을 해보니 한심하기 짝이 없었습니다. 풀들은 엉성하게 쌓여져 있었고 그 양도 조금밖에 되지 않았습니다. 아버지가 아들의 불성실한 태도를 다시 꾸짖자 아들은 어두워서 풀을 잘 볼 수 없었고 낫이 이상하다고 연장 탓을 할 뿐입니다. 몇 시간이 흐른 후에 어머니가 돌아오자 아들은 기다렸다는 듯이 투정을 합니다. "아들의 사정은 들어주지도 않으면서 왜 항상 아빠는 나만 잘못했다고 하는 거야?"

이 이야기의 아들처럼 미루는 아이들은 자신의 실수나 잘못된 습관에 대한 책임을 주변 사람이나 환경에 전가시키기 때문에 자신이 잘못했다고 생각하지 않습니다. 표면적인 태도도 문제지만 감춰진 특성이 더욱 문제를 심각하게 만드는 것입니다. 이러한 특성으로 인해 부모나 교사 등과 같은 주변 사람들의 부정적인 평가나 비난에 대해 반성할 생각도 없이 단지 불공평한 처사라고만 여깁니다. 그 결과, 자신의 목표나 해야 할 일에 대해 게으름을 피우고 일에 대한 책임을 지지 않으려는 태도는 전혀 변화되지 않습니다. 주변 사람들로 하여금 문제점에 대해 지적할 수밖에 없게 행동하면서도 당사자는 자신이 깨달으려고도 잘못을 인정하려고도 하지 않기 때문에 행동에 아무런 변화가 없는 악순환이 되풀이되는 것입니다.

① 원인

성취동기가 낮은 청소년들 중 미루는 습관을 가진 유형의 아이들이 자신의 습관이나 태도를 옆집 사람들이나 모르는 사람에게 배운 것은 아닐 것입니다. 자녀들의 행동은 대부분 부모 혹은 부모 중 한 명의 행동과 비슷하게 나타납니다. 심리학 용어로 '모델링 학습'이라고 부르는 현상입니다. 자신의 책임을 회피하고 주변에 그 원인을 돌리고 화를 내는 태도는 부모의 모습에서 자신도 모르게 체득하고 익숙해질 가능성이 높습니다. 이 말에 다소 뜨끔한 부모님들이 계실 것이고 싫든 좋든 속으로 인정할 수밖에 없을 것입니다.

부모가 자녀에게 무슨 일인가 해내면 그 보상으로 어떤 것을 해주겠다고 약속을 하고는 자녀가 그 일을 해냈을 때 막상 약속을 지키지 않거나 핑계를 대며 회피한다면 자녀는 이러한 행동을 하나의 모델로 습득하게 됩니다. 의도적으로 배우고 따라하는 것이 아니라 자신도 모르는 사이에 몸에 배이게 되는 것입니다. 이러한 청소년들의 부모와 상담을 하다보면 어떤 일에 대해 '잊어 버렸다'고 말하는 것을 자주 들을 수 있습니다. 또 한 술 더 떠서 자녀가 가진 문제점을 고치려고 하기보다는 '학교 시험이 문제가 있어!', '담임교사가 도대체 내 아이에게 신경을 쓰지 않아!'와 같이 자녀가 하는 말과 행동을 의도적 혹은 암묵적으로 인정하면서 비슷하게 행동하는 모습을 보이고는 스스로 당황할 때도 있을 것입니다. 또는 '애들이 다 그렇지 뭐, 나도 그 나이에는 그렇게 했어.'라고 말하며 자녀의 상황과 문제점을 합리화하기도 합니다. 이러한 태도는 자녀로 하여금 자신의 문제를 주변 환경에 돌려버리는 태도를 더욱 강하게 할 뿐만 아니라 문제를 야기하는 행동을 어떻게 변명하고 둘러댈지에 대한 방법도 더불어 가르쳐 주는 아주 나쁜 결과를 가져옵니다.

　미루는 유형의 자녀들이 가지는 본질적인 문제는 다른 사람에게 향해 있는 분노, 즉 자신이 화가 나있음에도 불구하고 그러한 화를 표현하는 것에 대해서는 스스로 억압하고 통제하고 있다는 점입니다. 자신의 부정적인 감정을 드러내는 것과 자신이 원하는 것을 표현하는 것을 두려워하고 불편해하며 위험한 것이라고까지 생각합니다. 자신의 부정적인 감정을 드러내거나 자신이 원하는 것을 표현할 때 직접적으로 말하기보다는 간접적으로 표현하곤 합니다. 자신이 굳이 위험을 감수해 가면서까지 말하지 않아도 자신의 생각을 다른 사람이 알아주기를 바라는 마음에서 비롯되는 행동입니다. 부모에게조차 직접적으로 표현하지 않아도 부모가 알아서 자신이 원하는 것을 해주기를 기대합니다. 자신이 표현하지 않은 것은 생각하지 않고 부모가 자신의 마음을 읽지 못하고 이해하지 못하면 크게 실망하고 때로는 부모를 속이기도 합니다.

　좀 더 깊이 들어가 보면 이러한 아이들은 훨씬 더 어렸을 때부터 자신의 감정과 부모가 요구하는 행동이 일치하지 않아 발생하는 갈등에 어떻게 대처할지 몰라 당황한 경험이 많았던 아이였을 가능성이 높습니다. 그러한 과정에서 자신의 감정을 솔직하고 정직하게 표현하는 것이 누군가를 당황하게 하고 실망을 주는 것이 아닌가 하는 잘못된 감정처리 방식을 은연중에 습득해 버린 것입니다. 자신의 진짜 감정을 숨겨버렸기 때문에 자신의 의도와 실제 행동이, 자신이 알고 있는 것과 하고 있는 것이 불일치하는 모순된 상황에 처하게 됩니다. 또 그로 인한 주변의 애정 어린 지적에 대해서는 그 의도를 생각하지 못하고 무조건 자신의 잘못만을 탓한다고 생각하고 억울해 하는 것입니다.

　이런 면에서 미루는 유형의 청소년들은 한편으로 보면 자신의 감정을 표현하지 못하고 눌러두는 습관을 가지고 있다는 것 이외에는 크게 드러나는 문제가 없기도 합니다. 그들은 자신의 진짜 감정을 주변 사람들에게 숨기고 심지어는 스스로에게도 숨기는 것입니다. 그들은 부모가 자신에게 요구하는 사항들에 대해 자신의 분노나 화를 우회적이며 간접적으로 표현하면서 이러한 자신의 행동이 부모나 교사에게 복수하는 좋은 방법이라고 터득하게 됩니다.

분노의 대상인 교사나 부모가 자신의 일그러진 반응에 실망하고 걱정하는 것으로 나름대로 복수를 하는 것입니다. 이러면서 자신의 분노나 화에 대한 인식은 점점 더 낮아지고 자신의 감정을 표현하는 것 자체를 더욱 회피하다 보면 자신의 화난 마음을 점점 더 인정하지 않게 되고 자신의 공격성은 마음속에 깊숙이 숨겨두고는 교사나 부모의 타이름이나 요구들에 대해 수동적인 행동으로 대처하는 게 습관이 되는 것입니다.

미루는 습관을 가진 청소년들의 부모는 부모 스스로도 잘 인식하지 못하는 부주의한 방식으로 자녀를 잘못 가르치는 경향을 가지고 있습니다. 상담사례를 예로 들어 보겠습니다. 아침마다 정해진 시간에 일어나지 못하는 아이의 습관을 고쳐주기 위해 절대로 먼저 깨우지 않기로 약속한 부모가 있었습니다. 이는 치료자, 내담자(아이), 부모가 다 함께 약속한 사항이었으며 이러한 일종의 합의를 한 것은 정해진 시간에 기상을 하지 못함으로써 지각을 하고 교사에게 혼나는 경험을 통해 스스로 기상 시간을 책임질 수 있는 태도를 자녀에게 가르치려고 한 것이었습니다. 그 후, 얼마간의 기간 동안은 약속대로 어머니는 자녀를 깨우지 않았고 그 기간 동안 아이는 어떻게 해서든 스스로 시간에 맞춰 등교할 수 있었습니다. 그러나 곧 아버지에 의해 어머니의 잘못된 행동이 밝혀지게 되었습니다. 어머니가 약속대로 자녀를 깨우지 않는 대신에 어머니가 직장으로 가는 동안 남편에게 전화하여 남편으로 하여금 자녀를 깨우도록 했던 것입니다. 어머니 스스로가 치료 약속을 어기는 행동을 하면서 이러한 사실에 대해 침묵하는 모순된 행동을 보인 것입니다. 어머니는 몇 주 동안 자신의 행동을 '잊어버렸고' 이러한 사실을 밝히지 않았습니다. 이러한 행동은 자녀에게 그대로 전달되어 자녀가 원치 않는 학업을 해야 하거나 학교에서의 어려운 과제를 수행하는 경우에 다시 부모에게 의지하도록 만듭니다. 또한 아주 우회적이며 간접적인 방식으로 일을 미루고 수동적으로 거부하고 꾸물대는 등의 행동을 하게 만드는 것입니다. 규칙을 먼저 어긴 어머니의 태도에 자녀는 규칙을 어겨도 별일 아니라고 생각하게 됩니다. 결국 스스로 자명종을 맞추고 일어나지 않아도 부모가 해주겠지 하는 수동적인 태도를 학습하게 되는 것입니다.

미루는 유형의 청소년들이 성적을 낮게 받는 것은 의도적이기보다는 마음에 쌓여있는 분노나 다른 사람에 대한 부정적인 기분 등을 나타내지 않으려는 노력의 결과라고 보는 것이 더 정확합니다. 해야 할 일을 미루는 것, 잊어버리는 것, 게으름을 피우는 것 등의 증상들은 자신의 본질적인 심리를 회피해서 발생하는 것이라 할 수 있습니다. 이러한 부분을 대부분의 부모들이 간과하고 또 놓치고 있는 경우가 흔합니다.

대부분의 부모는 자녀들이 무엇을 하고 있는지 알고 있다고 믿고 그 믿음에 따라서 행동합니다. 이렇게 생각하는 이유는 부모가 일을 미루는 과정에서 보이는 행동과 자녀들이 일을 미루면서 보이는 행동이 비슷하다고 생각하기 때문입니다. 어른들은 중요한 일을 미룰 때 상관에게 어떤 핑계를 대고 심지어는 거짓말을 하여 속이기도 합니다. 특별히 심리적인 문제가 없는 한에는 이러한 행동의 동기나 이유를 스스로 알고 있습니다. 부모들은 이런 경우에 나타나는 본인의 심리적 작용방식이 자녀의 미루는 행동에서 나타나는 현상과 별 차이 없을 것이라고 생각하는 것입니다.

　미루는 유형의 청소년들은 거의 대부분 자신의 부정적인 감정을 눌러두고 인식하지 못하게 하는 심리적 방식으로 '억압'을 사용합니다. 이러한 매우 부정적인 정서에는 분노뿐만이 아니라 실망, 상처, 불안정, 열등감, 낮은 자신감 등도 포함됩니다. 이들은 부모와의 대화뿐만이 아니라 자신과의 대화에서도 단절을 보이기 시작합니다. 또한 자신의 문제를 돌아봄으로써 경험하게 되는 고통을 피하기 위해 자기인식을 회피하고 그러한 그들의 태도를 수정하려는 도움에 부정적이고 공격적인 태도를 보이기까지 합니다.

　미루는 유형의 청소년들은 스스로 직면해야 하는 문제를 회피하기 위해 부정적인 상황에 안주하려 하고 주변 사람들의 변화 요구를 역행합니다. 이러한 행동은 자신의 분노로 인한 위협적인 느낌을 다른 사람에게 투영하기 때문입니다. 쉽게 말해, 자신은 아무렇지도 않은데 주변 사람들이 괜히 화가 나 있다고 생각하는 것입니다. 이런 방식으로 자신의 느낌이나 감정에 초점을 두기보다는 타인의 감정이나 태도에 초점을 두어 자신의 문제로부터 벗어나려는 것입니다.

　학업과 관련된 일상에서 이러한 자녀를 둔 부모들은 대체로 자녀를 위협하거나 벌을 주거나 혹은 원하는 것을 하지 못하게 하는 방식으로 대처합니다. 겉으로 보면 이런 부모의 자녀들은 완전히 부모의 요구를 따르는 것처럼 보입니다. 하지만 그들이 해야 될 일들에 대해 충분한 노력을 하지 않거나 느릿느릿 움직이거나 하여 부모로 하여금 매우 화가 나게 만듭니다. 이러한 부모의 반응에 자녀들은 자신이 매우 불공평한 대우를 받는다고 생각하고 결과적으로 성취동기가 낮아지게 되어, 미루는 습관의 자녀들과 그들의 부모들은 악순환만 되풀이합니다. 자녀의 심리적 상태를 정확히 인식하지 못하는 부모들은 자녀의 본질적인 문제를 해결하지는 않은 채 반복하여 비난만 하게 되고 그러면 그럴수록 아이의 상황은 더욱 나빠지게 되는 것입니다.

미루는 유형의 청소년들에게서 반복되는 행동패턴은 결과적으로 부모와 자녀 사이의 의사소통 고리를 단절시키게 만듭니다. 상황이 이렇게 발전하면 자녀들은 주변 사람들에게 자신의 생각이 결코 이해받지 못할 것이라고 낙담하며 자신의 견해와 무관하게 주변 인물들에게 복종하고 또 그들의 규칙을 따라야 하는 존재라고 생각합니다. 자신을 무가치한 존재로 인식하면서 그로 인한 분노를 갖게 하는 것입니다. 자신보다 훨씬 우위에 있는 성인 즉 부모나 교사에게 분노감을 표현하면 그에 따른 결과가 어떨지 뻔히 알기 때문에 그 분노마저 자기 마음속에 묻어두게 됩니다.

미루는 유형의 청소년들은 어떠한 일을 해야 하는 동기가 발생할 때 힘과 권위에 대한 반항심과 갈등이 만들어집니다. 이러한 힘의 투쟁은 부모나 교사와의 관계설정에서 더욱 두드러지게 형성됩니다. 이 권력싸움의 관계에서 그들은 간단히 자신의 일을 실패함으로써 자신의 성적이나 성취를 위해 애쓰다가 실망하고 마는 부모와 교사로부터 승리를 얻어냅니다. 문제는 여기에서 그치는 것이 아닙니다. 자기 자신에게조차 동일하게 적용하는 방식이라는 게 더 큰 문제가 되는 것입니다. 자신을 위해서 해야 할 중요한 일에 대해 대부분을 미루는 청소년들은 내적으로 잘해야 한다는 압박감에 시달립니다. 해야 할 일에서 좌절을 했을 때 자신에게 화를 내게 되며 자신을 꾸짖고 비난하며 자신에게 적대적인 감정을 가지게 됩니다. 요약하자면 미루는 유형의 자녀들은 의기소침하며 자신감이 부족하고 타인을 대하는 태도와 동일한 방식으로 자기 자신을 대하는 패턴을 가지고 있습니다. 이런 태도로 인해 자신의 인생을 가두어 두고 불행하게 하며 스스로를 다른 사람이나 환경에 의한 희생양으로 생각하게 됩니다.

　미루는 유형의 청소년들이 성장하게 되면 이러한 패턴은 더욱 굳어져 점점 더 고통스러운 갈등을 만들게 되면서 그만큼 문제해결은 더욱 어려워지게 됩니다. 스스로 알아서 일을 처리할 기회가 주어지면 높은 불안감과 무기력감에 낙담만 깊어지게 됩니다. 결과적으로 그들은 자신의 인생에서 스스로가 해야 할 일에 대해 누군가가 책임져 주거나 지시해 주기를 원하게 됩니다. 한편으로는 이와 같은 의존적인 상황이 실제로 일어날까봐 매우 두려워하기도 합니다. 자율적이고 독립적이고 싶으면서도 누군가가 자신을 지도해주고 돌봐주기를 바라며 '독립과 의존' 사이에서 갈등하는 것이 이들의 실체입니다.

　이러한 자녀들은 점차 성장해가면서 당연히 가져야 할 자신만의 목표를 정하지 못합니다. 자신의 잠재된 가능성과 원하는 것을 고려하여 설정해야 하는 인생의 목표를 세우지 못하는 대신에 부정적인 자율성을 발달시키게 됩니다. 이들의 자아는 자신의 가치, 장래희망, 삶에 대한 야망을 향한 긍정적인 부분이 아니라 부모나 다른 사람들이 자신에게 바라거나 요구하는 것에 대한 대립 위치에서 저항하고 부정하는 것으로 이루어져 있습니다. 다음과 같은 말로도 표현할 수 있을 것입니다.

"나는 내가 누군지 모르지만 내가 당신이 아닌 것은 알겠어요."

　미루는 유형의 자녀들을 다루는 두 부류의 부모가 있습니다. 일방적으로 자신의 의견을 강요하는 권위적 부모와 지나치게 관대한 부모입니다. 권위적인 부모들은 힘을 사용함으로써 자녀를 자신이 원하는 모습으로 복종시킬 수 있을 것이라 믿습니다. 위협하고 벌을 주는 방식의 전술은 자녀로 하여금 수동적인 저항을 하도록 하게하며 자녀로 하여금 최고의 방어기제를 사용하도록 이끌 뿐입니다. 권위적 부모의 대부분은 자녀의 문제 해결에 실패하는데 부모가 권위적일수록 자녀는 더욱 의존적이며 반항적인 태도를 가지기 때문입니다. 권위적인 부모의 무의식은 '내가 너를 통제할 것이다.' 입니다. 이러한 비언어적 메시지는 위에서 설명한 대로 미루는 유형의 자녀에게 있어서 희망사항이면서 동시에 두려움을 야기하는 것입니다. 그래서 미루는 습관을 가진 자녀는 지금 당장은 분노를 참고 그 힘에 복종하지만 결국은 부모를 거부하기 마련입니다. 문제가 해결되기보다는 더욱 나빠지는 쪽으로 심화되는 것입니다.

자녀에게 지나치게 관대한 부모는 자녀에게 자신의 요구를 강요하지 않습니다. 반드시 지켜야 하는 일정한 기준도 제시해주지 않습니다. 자녀들에게 지켜야 할 기준을 제공하지 않으면 그 또한 문제를 악화시키게 됩니다. 자녀가 혼자 알아서 하게 함으로써 자신의 행동에 대한 결과를 책임지게 하는데 이러한 방식은 미루는 유형의 자녀에게는 유익하지 않습니다. 스스로 변화할 힘을 가지고 있지 않기 때문에 어떤 일을 하건 잘못된 결과로 이어질 것이라는 불안감을 떨쳐내지 못합니다. 결과적으로 실패로부터 아무것도 배우지 못하고 기존의 문제점만 더욱 견고해질 뿐입니다.

② 변화목표

미루는 습관을 개선하기 위해서는 우선 두 가지의 목표를 세우고 실천해야 합니다. 하나는 공격적인 성향과 분노의 원인이 자기 자신의 문제점에서 기인하고 있음을 정확히 인식하는 것이고 또 하나는 이러한 자녀들을 다루는 부모의 양육 방식과 상호작용의 과정을 변화시키는 것입니다. 부모는 미루는 유형의 자녀의 심리를 이해하는 노력을 아끼지 말아야 하며, 작은 성취라도 이룰 수 있도록 적극 지지해주고 격려해주는 자세를 갖춰야 합니다. 자녀와의 기존 관계의 틀을 깨고 바람직한 형태로 재설정해야 합니다. 권위적인 자세를 탈피하되 자녀의 의무는 엄격하게 규정하는 기준을 세워야 합니다. 인간과 인간 사이의 바람직한 관계설정은 쌍방의 신뢰와 존중에서 이루어지며, 부모와 자녀 사이의 관계 역시 동일합니다. 일방적인 강요보다는 진솔한 대화를 통해 바람직한 부모와 자녀 사이의 관계설정에 나서야 할 것입니다.

미루는 유형의 청소년에게 제일 필요한 것은 인내심입니다. 특히 주변 사람과 환경에 대한 무조건적인 비난을 자제해야 합니다. 부모님은 자녀의 내면에 존재하는 분노와 갈등, 그리고 의존성을 주시해야 하며 자녀의 돌발적인 행동의 원인을 분석할 줄 알아야 합니다. 반드시 기억해야 할 것은 미루는 유형의 자녀들은 자신의 동기와 갈등을 인식하지 못하고 더불어 자신의 문제점에 대해서도 깊이 있게 인식하지 못한다는 점입니다. 부모는 자녀가 자신의 내적 동기를 스스로 통찰할 수 있도록 도움을 주어야 합니다. 부모의 힘으로 벅차다 싶은 부분들은 전문가의 도움을 받는 것이 좋습니다.

유형 2. 완벽주의형

공부만 생각하고, 열심히 노력해도 학년이 올라갈수록 성적이 떨어지는 지원이

중학교 2학년인 지원이는 늦둥이에 외동딸입니다. 초등학교 때까지 지방에 살다가 교육환경을 염두에 두어 서울 대치동으로 이사 왔습니다. 아버지는 지방에서 근무 중이시고 어머니와 둘이서

만 살고 있습니다. 어머니는 매사에 꼼꼼하고, 철저히 준비하는 성격이며 지원이의 교육에도 관심이 많습니다. 학원 설명회마다 찾아다니며 지원이에게 최상의 교육을 시키기 위해 노력하고 있습니다. 지원이에게 좋은 공부 방법을 가르치고 적절한 진로 설정을 위해, 학습에 관련된 검사라면 공인된 기관뿐 아니라 사설기관의 검사까지 수없이 받게 하는 등 나름대로 최선의 노력을 하고 있습니다. 그러나 지원이의 성적은 중상위권을 겨우 유지하고 있습니다.

지원이는 밤 12시가 돼도 공부가 남아 잠을 잘 수 없고, 아침마다 제때 일어나지 못해 어머니와 전쟁을 치르고 나서야 겨우 지각을 면하고 등교합니다. 지능수준도 우수하고, 잠재력도 높고, 학습 환경 또한 좋은 편이며 지원이 스스로도 공부를 잘하고 싶은 의욕은 넘치는데 성적이 오르지 않으니 참으로 답답한 일이었습니다. 지원이와 마주 앉아 그 원인을 분석해 보았습니다. 우선 한 주의 계획표를 함께 점검하고 그 다음 주 계획표를 살펴보았습니다. 계획표 자체는 크게 문제가 없었습니다. 그러나 투자하는 시간에 비해 소득이 형편 없다는 사실이 드러났습니다. 지원이는 계획표대로 긴 시간을 책상 앞에 앉아 있어도 계획한 진도는 절반에도 못 미쳤습니다. 공부해야 할 것을 하나라도 빠뜨리거나 그날 배운 것을 외우지 못하면 안 된다는 강박관념에 시달리니 계획된 공부시간을 줄일 수도 없었습니다. 계획표대로 긴 시간 공부를 하면서도 늘 자신이 해야 할 분량이나 목표는 채우지 못하는 하루가 반복될 뿐이었습니다. 이런 모습을 지켜보다 지친 어머니가 학원을 줄이자고 해도 절대 동의하지 않았으며, 계획의 양을 조절해 보자는 권유까지 결코 받아들이지 않아 모녀 사이의 다툼으로 이어지는 일이 종종 벌어졌습니다. 감당할 수 없는 학원스케줄과 숙제의 양, 핵심개념의 파악에 앞서 무조건 전부 외우려는 압박감 속에 능률이 오를 리가 없었습니다. 시간이 갈수록 성적은 떨어지기만 해 지원이의 학습에 모든 것을 바친 어머니는 예민해지고,

지원이는 점점 더 속상해질 수밖에 없었습니다.

성취동기가 낮은 청소년 가운데 완벽주의형은 일상생활의 많은 부분에서 융통성이 없고 경직된 태도를 보입니다. 완벽주의적인 관념에 젖어 있을 뿐 완벽하게 일을 처리하는 모습은 도통 찾아볼 수가 없습니다. 해야 할 일을 건성건성 처리해서 그냥 적당히 되는대로 놔둘 때가 많습니다. 행동이 따르지 않는 완벽주의적 태도는 스스로에 대한 기대와 자신을 향한 타인의 기대에 대한 반사적인 대응에 불과합니다. 자신의 일을 완벽하게 마무리하기 위한 이성적인 판단은 매우 취약합니다. 쉽게 말해, 스스로에 대해 비현실적이고 이상적인 목표와 기대만을 가지고 있는 것입니다. 구체적이고 실현가능한 계획은 백지상태인데도 말입니다.

또한 어떻게 느끼고 생각하고 행동하는 것이 옳은 것인지 알고는 있지만 현실에서 실현시키려는 고민이나 노력도 거의 없습니다. 이러한 유형은 중요하지 않은 세부사항에 집착하고, 고집을 부리고, 다른 사람을 통제하려 들고, 솔직한 감정표현에 인색합니다. 머릿속으로 끊임없이 완벽을 추구해서 스스로를 지치게 할 뿐 효율적인 학습도 편안한 휴식도 이루지 못해 불안정한 정서상태에 놓이게 됩니다. 완벽주의형은 강박증과 비슷한 면이 많습니다. 숲을 보지 못하고 나무만을 보게 되는 것도 완벽주의적인 성향이나 강박적인 성향의 일면일 수 있습니다.

완벽주의형의 청소년은 쓸 데 없는 걱정이 많고, 자신에게 주어진 일에 대해 지속적으로 고민하면서도 자신의 임무를 완성하지 못해 고통 받을 때가 많습니다. 어떤 학습목표나 과제 등을 부여 받으면 막상 해야 할 수순은 밟지 않으면서 하루 종일 걱정에 걱정을 반복하다가 마지막에는 거의 탈진해 버리곤 합니다. 아주 작은 부분에 집착하느라고 큰 그림을 보지 못하는 행동도 자주 나타납니다. 그들의 걱정은 스스로 떨쳐버릴 수 없을 뿐더러 강박적인 태도로 바뀌게 되어 자신의 마음을 통제하거나 조절할 수 없게 됩니다.

이러한 유형의 청소년은 우유부단하고 불확실한 태도를 보일 때가 많습니다. 늘 자신이 제대로 하고 있는지 스스로를 의심하며, 특히 높은 수준의 독립적인 사고를 요하는 글쓰기 같은 숙제와 선생님의 다소 불분명한 지시 사항은 어떻게 대처할지 방법을 몰라 극히 혼란스러워합니다. 이러한 상황에서 그들은 별로 중요하지 않은 부분에 매달립니다. 언제까지 과제를 해야 할 것인지, 몇 자를 적어야 하는지, 필기할 때 색은 무엇으로 해야 하는지 등에 집착합니다. 스스로 판단해야 할 부분도 일일이 정확하게 지시해달라고 교사에게 요구하고 거듭 확인하려 듭니다.

완벽주의형 학생들의 걱정에는 긍정적인 의도도 가지고 있습니다. 완벽하게 자신의 일을 처리하자니 많은 걱정이 따르는 게 당연한 것이겠습니다. 문제는 스스로도 좋은 의도만으로 일을 완벽하게 수행할 수 없다고 지레 짐작하고 있다는 점입니다. 예를 들어 보겠습니다. 어떤 아버지가 자녀에게 한번 사용한 도구를 깨끗하게 치울 것을 지시했습니다. 다음날 아들의 자전거 옆에 쓰던 도구가 여전히 놓여 있음을 보게 됩니다. 아들을 꾸짖고 화를 낼 때, 완벽주의형의 아들은 아마, '지금 그것을 다시 사용하려고 했어요.' 라고 대꾸하기 십상입니다. 이처럼 완벽주의형 학생들은 일어나지도 않을 일을 준비하느라고 오히려 무질서한 모습을 보이기도 합니다.

강박적 요소는 과도하게 규칙에 얽매여 있거나 낮은 성취동기에 경직된 청소년을 이해할 수 있는 또 다른 측면입니다. 그들은 자신의 일을 해야 한다고 자각하고, 드물지만 그 일을 수행함으로써 희열을 맛보기도 합니다. 초등학교 저학년 때 이러한 유형은 규칙을 벗어나는 것에 대한 두려움 때문에 매우 우수한 성적을 유지하기도 합니다. 종종 모범적인 학생으로 불리며 그들의 노력과 성취로 인해서 만족을 경험하기도 합니다. 하지만 마음속에서는 공부를 하거나 규칙을 지키는 것이 일종의 '압력'으로 작용하고 있으며, 이는 자신의 의도나 의지와 전혀 상관없는 것이라고 생각합니다. 또한 자발적으로 일을 수행하는 경우에서조차도 그러한 느낌을 가집니다. 그들은 불안감을 느낄 때마다 일의 효율성을 떨어뜨리는 반복적인 행동 패턴을 밟습니다. 책을 펼치기 전에 연필을 날카롭게 깎아 놓거나 책상 위의 잡다한 물건들을 가지런히 정리하거나 하는 데에 긴 시간을 허비합니다. 준비 과정이 결국은 목적 자체보다 더 많은 에너지를 소진시키고 시간낭비를 하게 만드는 것입니다. 이렇듯 내면에서 솟구치는 불안감을 해소하기 위한 무의미한 행동은 문제를 해결하기보다는 반복적인 행동을 통해 문제를 회피하려는 타성만 키워 문제를 더 악화시키는 아이러니를 연출할 뿐입니다.

 부모나 주변사람들은 이러한 완벽주의적 성향을 알아채지 못하고 종종 지나치게 됩니다. 그렇게 방치되는 사이 완벽주의적 측면은 성취동기가 낮아지는 증상으로 이어집니다. 자신이 해야 할 일을 점점 더 적당히 때우는 무질서한 행동으로 나타납니다. 이러한 행동은 일의 수행에 뒤따르는 압력과 압박에 저항하는 것이며 자신의 의지에 반하는 타인의 규칙을 따라야 하는 강제성에 반항하는 것으로 해석될 수 있습니다. 학교에서 좋은 성적을 유지하고 있는 학생 가운데에서도 자신의 성취에 따른 기쁨은 별로 느끼지 못하면서 자신에게 기대를 걸고 있는 주변 사람들의 시선 때문에 공부를 하고 성적을 잘 받기 위해 노력하는 경우도 있습니다. 이렇듯 스스로의 성취감이 취약한 상태를 본인이나 주변 사람들이 깨닫지 못하면 우수한 성적을 유지하기가 아주 어렵습니다. 처음 성적이 떨어졌을 때 정확한 원인을 모르고 다만 과거에 잘했으니 곧 다시 좋아지겠지 막연한 믿음으로 기다리다가 때를 놓치고서야 상담소나 정신과를 찾는 경우가 흔합니다. 부모님의 독려나 자녀의 노력만으로 도저히 해결할 수 없는 지경에 이르러서야 전문가를 찾게 되는 것입니다.

많은 완벽주의형 자녀들은 부모가 자신이 완벽주의자이기를 바란다고 생각합니다. 부모가 2등급 정도를 바란다고 치면 이 유형은 2등급을 받고 나면 부모들이 1등급을 기대할 것이라 넘겨짚습니다. 그래서 자신은 결코 부모의 기대를 충족시키지 못할 것이라 염려하는데 이는 부모만의 기대가 아니라 자기 자신의 내면에서 자리 잡은 기대가 반영된 것이기도 합니다. 적당히 얼버무리며 일을 처리하는 것과 일부러 낮은 성적을 받는 것은 내면의 완벽주의적 요구로부터 도망가기 위한 하나의 편법인 것입니다. 발을 더럽힐까봐 아예 땅을 딛지 않는 심리와 동일한 것이라 볼 수 있습니다.

① 복합적인 문제

완벽주의형의 청소년은 스스로를 비하하고 부정적인 생각을 자주 합니다. 스스로를 믿지 못하고 의심하는 압박과 고통에 시달리면서 다른 사람에게 자신의 약점을 드러내게 될까봐 불안해합니다. 자신이 얼마나 무가치한 존재인지 스스로 터무니없이 과장하며 또 그러한 모습이 밖으로 나타날까봐 두려워합니다. 그런 이유로 낮은 자아존중감과 빈약한 자아개념은 드러나기보다는 가려져 있으며 외형적으로는 종종 거만한 태도로 비쳐지기도 합니다. 이러한 유형은 자신이 아무리 노력을 해도 결코 완벽해질 수 없다고 스스로를 판단해버립니다. 자신의 노력을 기대하는 주변으로부터 늘 강요받고 있다는 피해의식을 갖게 됩니다. 이런 압박감은 실망과 낙담만을 안겨주게 되며 자구노력은 상대적으로 줄어들기 마련입니다. 완벽주의형 청소년은 종종 우울감을 호소하곤 합니다. 외적으로는 매우 도덕적이고 완고해보이지만 속으로는 죄책감과 수치심이 가득한 것입니다. 청소년의 우울증은 성인의 일반적인 우울과는 다른 '가면 우울증'이라는 형태로 나타납니다. 늘 피곤해하며 지루함을 호소하고 과도하게 잠을 많이 자는 등의 행동의 원인이 되는 우울증이라서 이러한 명칭을 붙입니다. 이러한 청소년 가운데 매우 낙천적이며 여유로운 심성을 지닌 듯이 오인되는 경우가 있으나 이는 겉으로 드러내는 피상적인 행동의 결과일 뿐입니다. 심리 상담이나 심리 검사를 해보면 이런 피상적인 모습에 감추어져 있는 긴장감과 우울하고 불안정한 정서, 자학에 가까운 자기비하, 과도한 스트레스 등이 쉽게 드러나곤 합니다.

완벽주의형 청소년에게서 관찰되는 복합적인 문제 중 가장 흔한 것은 바로 '시험 불안'입니다. 그들은 시험을 칠 때마다 완벽주의적 태도 때문에 자신이 '시험에서 실수를 하지 않을까' 혹은 '공부한 내용을 잊어버리지 않을까' 하는 불안감을 놓지 못합니다. 시험 불안에 빠진 학생들은 시험 자체보다는 자신의 불안과 자기 의심에 더 많이 신경을 빼앗깁니다. 말 그대로 '불안에 대한 불안'이 더해져 더욱 공부에 집중할 수 없게 되는 것입니다. 답이 생각나지 않을 때 매우 불안해지고 심지어는 공황상태와 같은 두려움을 경험하기도 하며 그 결과로 자신이 풀 수 있는 쉬운 문제도 풀지 못해 성적이 떨어지게 됩니다. 이러한 학생을 지도하는 교사나 부모는 깊은 좌절과 실망을 피할 수 없게 됩니다. 평상시에는 특정과목이나 과제에 대해 거의 완벽한 이해와 성취를 보여주다가 실제 시험을 보면 항상 실망스러운 결과를 나타내니 속만 타들어갈 뿐입니다.

완벽주의형 청소년들이 보이는 또 다른 특성은 과도하게 도덕적이고 자신의 행동과 타인의 행동을 도덕적인 용어를 사용하여 묘사하고 설명하는 경향이 짙다는 것입니다. 부모의 요구와 행동은 공평하거나 불공평한, 바르거나 잘못된 것으로써 구분하려 듭니다. 만일 불공평하거나 정당하지 않다고 판단되면 그들은 그들만의 도덕성으로 자신의 낮은 성적을 합리화하고 권위적인 사람들의 요구를 반박하려 듭니다. 극단적으로는 자기 파괴적인 행동도 서슴지 않습니다. 때때로 자신만의 도덕적인 신념을 주변의 상황이나 어른들의 일까지 확장시켜 매우 경직된 태도와 가치관으로 재단하려 들고 별일 아닌 상황에서도 매우 공격적인 행동을 아무렇지 않게 저지르기도 합니다.

② 원인

완벽주의적 경향이 높은 사람은 자신의 의존적인 성향이 드러나는 것을 두려워합니다. 주변 사람이나 친구에게 나약한 사람으로 보이는 것도 실수나 실패로 인해 당황하는 자신의 모습을 보이는 것도 두려워합니다. 또한 스스로 정해놓은 이상적인 목표를 성취하지 못하는 것에도 두려움이 큽니다. 완벽주의자들은 그러한 두려움을 해소하기 위해 정해진 규칙을 따르고 자신을 통제하려는 강박적인 태도를 발달시킵니다.

완벽주의적 성향을 지닌 부모는 대체로 차갑고 냉철하며 비판적인 경우가 많습니다. 자신의 자녀에게 생활에서 지켜야할 수많은 규칙들을 설정해 두고 그 규칙들을 매우 강제적으로 따르게 합니다. 배변습관이나 취침시간, 식사시간, 놀이 방법까지 정해놓고 자녀가 정해놓은 규칙을 벗어나는 경우 매우 엄격하게 다룹니다. 자녀는 부모가 정해놓은 규칙이나 부모의 요구를 따르지 못하는 경우 죄인과 다름없다고 인식하게 됩니다. 자신이 진정으로 원하는 것이 규칙에 의해 차단되어 있어도 말입니다. 이런 과정 때문에 강박적인 청소년의 부모 중 한 쪽은 매우 강박적인 경우가 많습니다.

'무엇을 해야만 한다.' 라는 도덕적 당위성은 자녀에 대한 부모의 사고를 지배하는 경향이 있습니다. 완벽주의적 성향을 지닌 부모의 자녀는 부모가 자신을 이해하고 있다거나 자신의 말을 듣고 있다는 믿음을 갖지 못합니다. 그래서 규칙을 만든 근본적인 목적보다는 규칙 자체를 따르는 것에 맹종하게 됩니다. 수단과 목적이 뒤바뀌어버리고 마는 것입니다.

건강한 기능을 유지하고 있는 가정은 반드시 필요한 몇 가지 규칙만을 가지고 있으며 서로 공유되고 잘 이해될 수 있는 수준의 범위를 지킵니다. 건강한 가정은 자녀의 정서적 변화나 성장에 발맞춰 융통성 있게 규칙을 변화시킵니다. 바람직한 규칙들이 친밀감으로 소통하고 서로를 이해하는 바탕이라는 사실은 두말할 나위가 없겠습니다. 부모는 자녀의 말을 귀담아 듣고 자녀는 자신의 마음을 솔직히 털어놓는 개방적이고 친밀한 가족 사이의 관계는 무엇보다 중요합니다. 평소에 다져진 가족 사이의 친밀하고 개방적인 관계설정은 자녀가 심한 스트레스를 겪는 상황이나 커다란 변화의 고비에 처했을 때 부모와 함께 슬기롭게 대처할 수 있는 원동력이 됩니다.

반면 완벽주의적 성향이 지배하는 가정에서는 규칙이 부모가 자녀를 지배하는 수단으로 기능하게 됩니다. 자녀들은 자신의 의지와는 무관하게 정해진 규칙에 얽매어 자신이 정말 원하는 일보다는 부모에 대한 복종을 훨씬 중요하게 인식합니다. 시간이 갈수록 규칙에 대한 불만이 쌓이지만 직접적으로 항의하지는 않습니다. 다만 속으로 분노심만 키울 뿐입니다.

완벽주의적인 성향이 강한 가정은 갈수록 의사소통이 어려워지고 가족 간의 긴장감이 팽배해지면서 서로에 대한 친밀한 감정마저 퇴색되어 상호이해마저 불가능해집니다. 자녀가 성장하면서 부모의 권위적인 태도에 대한 불만은 점점 커지고, 사춘기로 접어들면서는 물리적인 힘으로 불만을 표현하기 시작해 가정 내 반목과 긴장감은 더욱 심해집니다. 사태가 이쯤 되면 자녀는 자신의 생각이나 감정보다 부모의 규칙을 지키는 데에 허덕였던 과거를 후회하게 됩니다. 더불어 자신의 진정한 의지를 심도 있게 생각해보거나 부모 가운데 누군가 귀기울여준 적이 없기 때문에 자아정체감이 형성되는 사춘기가 매우 혼란스럽게 다가옵니다. 방황을 하거나 극한 상황을 자초하기도 하고 부모나 가정 내 규칙을 향해 폭발적인 공격성과 반항을 나타냅니다. 높은 성적을 얻을 수 있는 지능을 가졌음에도 불구하고 공부에 무관심한 태도를 보여 나름대로 분노의 대상에게 복수를 꾀하기도 합니다. 학교와 학급의 규칙을 따르려는 노력조차 하지 않아 성취의 수준은 더욱 추락하게 됩니다.

완벽주의형 청소년의 내면에서는 끝없는 갈등이 일어나고 부모로부터 만들어진 내면의 '해야만 한다.' 라는 목소리에서 벗어나지 못합니다. 자신의 즐거움을 희생하더라도 기필코 높은 성취를 이뤄야 한다고 생각하면서도 엉뚱한 짓을 저지를 때가 많습니다. 이러한 갈등을 간단히 정리하면 자신이 '해야만 하는 가치'와 자신이 '하고 싶은 무가치한 것' 들 사이의 갈등일 것입니다.

완벽주의형 청소년은 자신이 학교생활을 어떻게 해야 하는지 잘 알고 있습니다. 그러나 자신이 원해서가 아니고 오로지 타인을 위한 위선적인 학교생활이라 여기기 일쑤입니다. 학교생활에도 별 의미를 두지 않으며 성적의 오르내림에도 별 관심을 두지 않습니다. 성적이 좋아진다고 행복감을 느끼지도 못하고 성적이 떨어진다고 슬픔을 느끼지도 못하는 심각한 상태가 되는 것입니다. 이렇듯 자신의 의지나 감정과 무관한 공부를 더 많이 하면 할수록 내적인 분노감만 자라나게 되는 것입니다.

자녀의 상태를 알아채지 못하거나 무시해버리는 부모는 더욱 사태를 악화시키는 방향으로 가정환경을 조성하는 경우가 많습니다. 자녀에게 규칙을 통해 일방적인 강요만을 요구하는 정도가 더욱 심해지는 것입니다. 당연히 자녀의 마음속에 부모를 향한 반항과 분노만 눈덩이처럼 불어나 결국은 폭발하게 됩니다. 내적 갈등이 곪을 대로 곪아 드디어 외적 갈등으로 표출되는 것입니다. 이런 상황으로 번지면 자녀의 심리적 문제를 해결하기가 더욱 어려워지고 학업 성취의 문제에서 탈출구를 찾을 수도 없게 됩니다. 주변의 도움 없이 당사자만의 노력만으로는 결코 해결할 수 없기 때문에 반드시 전문가의 도움을 받아야 합니다. 완벽주의형 부모도 자신의 부모에게 완벽주의적 성향으로 길들여졌을 가능성이 크기 때문에 부모 자신의 내면부터 성찰해 볼 필요가 절대적입니다.

③ 변화목표

완벽주의형 청소년은 자신의 갈등을 인식하고 그러한 갈등을 적절히 조절할 수 있는 새로운 목표를 설정해야 합니다. 자신의 내면을 솔직하게 들여다볼 수 있는 능력과 스스로 변화할 수 있는 동력을 이끌어 낼 수 있는 목표가 필수적입니다. 완벽주의형 청소년은 자신의 불안, 분노, 수치나 죄책감 등을 억제하는 방어적 태도가 완강하기 때문에 '실제 느끼는 것'과 '느껴야 한다고 생각하는 것' 사이에서의 혼란을 정리하고 사고와 가치, 느낌과 행동 사이에서 충돌할 수밖에 없는 갈등을 자연스럽게 이해하고 그 과정에서 평형감각을 유지할 수 있는 능동성을 스스로 개발할 수 있도록 도와줘야 합니다. 스스로에 대한 믿음과 자신의 내면을 솔직히 표출하는 행동이 정착될수록 자신의 기분과 목표를 관리하는 능력도 함께 향상되기 마련입니다. 학습태도도 개선될 것이며 여러 목표나 규칙에 실제적이면서 창의적으로 적응하는 능력도 발전할 것입니다. 일단 이러한 변화목표가 성취되면 대부분은 매우 깊고 풍부한 감정을 되찾게 되고 자신의 생각을 부모를 비롯한 주변 사람에게 적절히 표현할 수 있는 의사소통 능력을 점차 키워나갈 것입니다.

완벽주의형 청소년은 수줍음을 많이 타고 거절이나 비판에 대해 민감한 경향이 있습니다. 진심으로 조언을 하는 데에도 불구하고 부모나 교사의 표현방식에 문제가 있으면 오히려 마음을 상하기 쉽습니다. 낮은 성적과 심리적 문제는 부모나 교사 또는 타인에 의해 자신이 불공평하고 비판적으로 취급받고 있다는 피해의식의 결과인 경우가 많습니다. 자기 자신을 파괴하는 행동이나 복수를 하고 싶어 하는 심리를 스스로는 정당하게 여기는 왜곡된 사고와 분노감을 떨쳐내지 못하는 한 그들이 저지르고 있는 간접적인 복수는 쉽게 멈춰지지 않습니다. 조언에 앞서 자녀의 깊은 마음속을 자상하게 헤아리는 애정이 우선되어야 할 것입니다.

유형 3. 자포자기형

무엇을 위해 하는지 모른 채 부모님의 강요에 따르다가 이젠 학습을 포기해버린 인형이

중학교 2학년 여학생인 인형이는 예쁘장한 외모에 생글생글한

미소까지 한눈에도 호감이 가는 타입입니다. 상담실에 처음 온 처지에도 상담자가 묻는 말에 비교적 솔직하게 자신의 생각이나 마음을 표현하는 편이었습니다. 명문대 출신의 전문직 부모님과 나이 차이가 7살이나 나는 두 동생을 두고 있습니다. 다른 사람들이 보면 부러워할 만한 환경이었지만, 가정에는 전혀 관심을 두지 않는 아버지와 너무 바쁜 어머니로 인해 일하시는 아주머니 손에 키워졌고, 4살부터 영어유치원에 다니기 시작해서 지금까지 학원스케줄로 빡빡한 생활을 하고 있습니다. 얼굴도 예쁘고, 지능도 우수해서 초등학교 5학년까지는 평균 90점대를 유지하며 부모님의 기대에 완벽하게 미치지는 못했지만 큰 문제없이 지내왔습니다. 그런데 6학년에 들어 사춘기가 되면서 수업시간에 장난을 치거나 도중에 몰래 빠져 나가는 아이들과 친해졌습니다. 그렇게 일탈을 즐기게 되면서 부모님과, 특히 어머니와 부딪치는 일이 잦아졌습니다. 심지어 가게에서 물건을 훔치기도 하고, 술을 마시기도 하며 본격적인 비행을 시작하였습니다. 너무 바쁜 어머니는 자녀의 현실을 전혀 눈치 채지 못하고 얼굴만 마주치면 잔소리만 늘어놓았으며, 상이나 벌을 주기로 한 것도 깜빡 잊어버리곤 하였습니다. 인형이는 그런 어머니의 무관심을 이용하여 제대로 공부도 하지 않으면서 학원에서 요령만 배워 겨우겨우 성적을 유지해나갔습니다. 그 결과는 뻔했습니다. 명문중학교에 들어가기는 했지만 2년째 꼴찌를 면하지 못하고 있는 게 인형이의 현재입니다. 부모님은 자신을 포기했고, 자신도 간섭을 안 해 주니 고맙고, 하기 싫은 공부를 억지로 해봤자 성적이 오를 턱이 있겠느냐는 무기력에 빠져 있습니다. 좋지 않은 친구들과 어울리는데 대부분의 시간을 보내고 어머니의 잔소리 때문에 마지못해 학교와 학원을 오가고 있을 뿐입니다.

성취동기가 낮은 청소년 가운데 자포자기형은 자기 파괴적인 행동

패턴을 반복하는 유형으로 때로는 매우 극단적인 상황으로 치달을 수 있습니다. 쉽게 수행할 수 있는 일도 특별한 이유 없이 이행하지 않거나 성공의 문턱에서 주저앉아 그간의 노력을 헛수고로 만들어 버리는 경우가 많습니다. 이 유형은 친구의 수학 숙제는 도와주면서 정작 자신의 수학 숙제는 하지 않는 것과 같은 행동을 보이기도 합니다. 자신에게 잘 대해 주는 친구들에게는 무관심하면서 자신을 함부로 대하는 친구들에게 관심을 나타내기도 하고, 가까운 사람의 조언이나 도움을 거부하기도 합니다. 특히 교사가 자신의 잠재능력을 최대한 발휘할 수 있도록 도와줘도 선의로 받아들이지 않습니다. 교사가 관심과 애정을 기울일수록 무기력한 모습을 보이고 부정적으로 행동합니다. 매나 처벌과 같은 강제적인 제어가 따르면 잠시 개선되다가 매우 중요한 상황에서 느닷없이 포기하거나 실패를 자초하는 행동을 되풀이합니다.

자포자기형은 성공 자체에 거부감을 가진 것처럼 행동합니다. 우수한 성적에서 갑자기 바닥권으로 곤두박질치는 경향을 보이기도 합니다. 교사나 부모의 칭찬과 자신감을 북돋아 주려는 노력에 대해서도 부정적인 반응을 보입니다. 이들에게는 다른 유형과는 달리 칭찬과 자신감을 주는 방법은 효과적이지 못하고 문제를 더욱 키우는 결과를 야기하기도 합니다.

이러한 유형의 청소년이 간혹 학습에 집중하는 모습을 보이기도 하지만 오래 지속되는 경우는 많지 않습니다. 학기 초반에는 매우 열성적인 태도로 학업이나 학교 활동에 임하지만 시간이 지날수록 열의가 식어갑니다. 열심히 수업을 받고 방과 후에는 예습과 복습에도 철저하다가 얼마 지나지 않아 언제 그랬나 싶게 태만해집니다. 성적은 자연히 떨어지고 반성할 생각도 없이 맥없이 낙심해 버리고 맙니다.

이러한 자기 파괴적인 행동은 대인관계에서 높은 긴장을 야기합니다. 자포자기형은 과거에는 모범생인 경우가 많습니다. 주변의 조언과 도움에도 매우 호의적이어서 교사나 부모와 의사소통에도 아무런 문제가 없다가 어느 날 갑자기 비슷한 조언과 도움에도 화를 내기 시작하고 엉뚱한 행동을 저지르기 시작합니다. 교사나 부모는 당황할 수밖에 없어 간곡히 타이르기도 하고 혼을 내보기도 합니다. 하지만 별반 효과가 나타나지 않아 실망하게 되고 해당 청소년을 잘못 지도하고 있는 게 아닌가 싶어 자책감이 들기도 합니다. 이러한 유형의 특징, 즉 실패나 낮은 성취를 통해 자신과 타인을 함께 벌주는 방식의 결과입니다.

자포자기형의 청소년은 최선을 다해 지도해도 별 효과가 없어 교사나 부모는 좌절감에 빠지기 쉽고 스스로 무능한 사람이 아닌가 회의를 갖게 되는 경우가 많습니다. 이러한 측면에서 자포자기형의 청소년은 가장 심각한 수준, 즉 병리적인 문제를 갖고 있다 할 것입니다. 이들은 주변의 모든 관심과 노력 즉 의학적, 심리학적, 행동적 도움들을 한낱 의미 없는 재로 만들어 버리곤 합니다. 충분히 이룰 수 있는 성취 가능한 목표에도 실패를 자청하여 자신과 주변 사람들을 골탕 먹이고 또 그에 따른 처벌을 즐기는 피학적인 성향을 보입니다. 마치 폐암환자가 담배를 피우며 점진적인 자살 형태를 택하듯이 자신을 학대하며 도와주려는 사람을 괴롭히는 것입니다.

자포자기형의 청소년은 타인에게 자신의 특정한 약점과 단점을 강조하는 경향이 있습니다. 특히 학교생활에서 성공을 방해하는 학업적인 측면이나 성격적인 측면의 단점을 더욱 강조하는 경향이 있습니다. 주변 사람들이 인정하는 자신의 재능과 능력에 대해 실제로는 그렇지 않다고 주장합니다. 자신은 아무리 노력해도 시험기간 동안 집중할 수도 없고 교실에서 졸음을 쫓을 수도 없다고 항변합니다. 스스로는 잘못된 행동을 고칠 수도 없고 자신의 일을 미루는 습관도 버릴 수 없다고 하소연하기도 합니다.

　자기 파괴적인 행동 유형은 자포자기형의 청소년이 가지는 특성 가운데 하나입니다. 우울한 성격 소유자가 보이는 행동 중의 하나가 자기 파괴적인 행동인데 자포자기형은 종종 우울증을 동반하기도 합니다. 더욱 심각한 것은 우울한 증상이 사라져도 자기 파괴적인 성향은 그대로 남아 있으며 특별한 치료를 받지 않는 경우 평생 동안 지속되기도 한다는 점입니다. 자포자기형이 성공하기가 특히 어려운 것은, 성공 자체의 불확실성을 견뎌내고 목표를 향해 자신을 지속적으로 통제하는 능력이 부족한 때문입니다.

　① 원인

　자포자기형 청소년의 가정을 살펴보면 독특한 자녀 양육방식을 발견하게 됩니다. 출생 이후 7, 8세의 연령까지 부모가 자녀의 실수나 잘못을 벌로 다스리면서 자녀의 자율성을 키워주는 일에는 등한시해온 경우가 많습니다. 이렇듯 지배적 성향인 강한 부모 밑에서 성장한 자녀는 스스로 결정을 내리고 판단해야 하는 일에 불안해하고 처벌과 고통을 통해 지배적인 부모와의 애착을 확인하고 형성합니다. 최근 자녀수가 적어지고 한두 명의 자녀를 과잉보호하는 사회적 분위기 속에서 점점 증가하는 현상이기도 합니다. 이러한 관계설정이 고착되면 자녀 스스로 자신의 일을 잘해낼 경우에도 부모로부터 칭찬이나 별다른 관심을 받지 못하기 쉽습니다. 이러한 경험이 쌓이면 자녀는 오직 부정적인 행동을 했을 때에만 부모로부터 관심을 받을 수 있다고 믿게 되고 부모로부터 주목받기 위해 고의적인 실수를 저지릅니다. 체벌보다 무관심이 더욱 무섭기 때문입니다. 무관심의 대상이 되기보다는 부정적인 대우를 받더라도 부모를 포함한 타인의 관심을 이끌어내는 게 자신이 버림받은 것 같은 느낌을 지울 수 있는 좋은 수단이 되는 것입니다.

대체로 그들의 부모는 자녀가 왜 그러한 행동을 하는지 이해하지 못합니다. 그들은 자녀를 다루기 힘든 대상으로 단순하게 여기며 '매를 아끼면 자녀를 망친다.' 와 같은 속담만 믿고 행동합니다. 체벌, 고함, 잔소리, 모욕 등의 행동을 반복함으로써 자녀의 문제를 더욱 악화시킵니다. 이러한 부모는 자녀가 혼나기 전까지는 매우 무례하고 불량하게 행동하다가도 한 번 혼이 나고 나면 천사처럼 바뀐다는 이야기를 할 때가 많습니다. 그리고는 한 마디를 더 합니다. '천사 같은 모습이 오래가지는 않는다고.' 이러한 대처방식은 자녀를 개선시키기는커녕 부모 스스로를 희생자로 만드는 행위에 불과합니다.

자포자기형의 청소년은 학교에서 자신이 해야 할 일을 한 동안은 잘 수행합니다. 이때에 관심을 보이거나 주목을 해 주는 사람이 없으면 곧 일탈하기 시작합니다. 잘해왔던 일도 엉망이 되고 교사나 부모로부터 주목받을 만한 좋지 않은 행동을 저지르게 됩니다. 자녀가 높은 성취를 보이는 동안 안심하고 특별한 관심을 보이지 않던 부모가 자녀의 성적이 떨어지고 나서야 관심을 갖게 되고 개선의 방법으로 언제나처럼 처벌을 선택합니다. 자포자기형의 청소년은 고의적인 실패가 부모의 관심을 이끌어낸다는 사실을 재차 확인합니다. 이러한 방식이 자신에게 얼마나 큰 피해를 주는지 깨닫지 못하며, 자신의 성공을 희생함으로써 타인에게 의존하고 안정감을 느끼는 데에 만족합니다. 실제 상담현장에서도 '제가 상담을 받아서 좋아지면 엄마가 더 이상 관심을 안 가질까봐 두려워요.' 라고 털어놓는 내담자들을 종종 만나게 됩니다.

부모 자식 간의 이러한 '처벌-안정감(처벌을 받을 때 안정감을 느낌)' 의 고리는 자녀의 정체성을 형성하는 중요한 요인이 되어 피학적인 성격으로 형성시키기 십상입니다. 즉 자포자기하는 마음이 자녀의 내면에 자리 잡게 되는 것입니다. 이렇게 되면 자포자기형의 청소년은 성취에서 기쁨보다는 불안함과 당혹감이 더 크게 느껴지게 됩니다. 오히려 실패에서 더욱 마음이 편해지며 안정감이 들게 됩니다. 그래서 실패를 통해 권위적인 부모와의 익숙한 관계를 지속하려 하는 것입니다.

이와 유사한 여성들의 심리를 신데렐라 콤플렉스라고 합니다. 익숙한 환경에서의 자신의 역할로부터 긍정적이건 부정적이건 벗어나는 상황을 매우 두려워하는 타입인 것입니다. 스스로도 인식하지 못한 채 실패를 자초하고 당혹해 할 때도 많습니다. 자포자기형의 청소년이 성공이 주는 부담감과 이후의 책임감에 때문에 무의식적으로 성공 자체를 회피하는 것과 동일한 심리에서 나타나는 현상입니다.

자포자기형의 청소년은 부모의 지배적 양육방식에 길들여져 성공이 결코 만족을 주는 게 아니라는 경험을 반복하면서 성공에 대해 부정적인 인식을 형성하게 됩니다. 성공은 불안과 죄책감, 우울을 야기하는 원인이라고 인식하게 되는 것입니다. 이러한 유형에게 상, 칭찬, 좋은 성적은 불안을 가중시키는 역할을 합니다. 오히려 자신이 예상하지 못했던 성공이나 성취와 그에 따른 호의적 반응에 매우 당황하고 불안해 합니다. 그래서 의도하지 않았는데도 특정 과목에서 '수'를 받으면 다른 과목에서 '가'를 받을 짓을 자청합니다. 일반적인 청소년과 다르게 성공이 고통을 가져오고 실패는 안정감을 가져오기 때문이겠습니다.

자포자기형의 청소년은 성공의 문턱에서 그 성공을 내려놓고 실패를 주워 올리는 어리석은 행동을 합니다. 그들에게 실패란, 아무것도 할 수 없을 거라고 믿는 자신이 쟁취할 수 있는 일종의 면죄부와 같습니다.

자포자기형 청소년의 전형적인 행동 가운데 하나는 매사가 지루하다고 불평하는 것입니다. 지루함을 해결하기 위해 스스로는 아무 노력도 하지 않으면서 그 책임과 원망을 부모에게 돌리곤 합니다. 부모가 지루함을 해결해 주기 위해 권유하는 수만 가지의 방법이 전부 소용없다고 불평합니다. 이렇게 되면 결국 부모는 지배적인 태도로 강요하게 됩니다. 자포자기형 청소년은 자신의 문제를 스스로 해결하려 노력하지 않고 부모에 대한 의존성만 더욱 강화되는 악순환으로 이어지게 됩니다. 자율성과 독립이 요구되는 상황에서도 지배적인 부모의 그늘에서 안주하려는 습관이 더욱 굳어지고 마는 것입니다.

② 변화목표

어렵기는 하지만 자포자기형의 청소년을 긍정적인 방향으로 이끌기 위해서는 지배적인 영향을 미치는 사람과의 관계를 변화시켜야 합니다. 이들은 부모와의 관계에서 '지배-피지배'의 역할을 형성하고 있는 경우가 많습니다. 자신의 실패와 낮은 성취를 지배적인 부모와의 관계를 유지하는 하나의 생존전략으로 발달시킨 결과입니다. 이미 자녀의 독립성은 부모와 자녀 모두에게 불안과 불편함을 야기하는 존재로 전락해버렸기 때문에 갈수록 자녀의 독립심과 자율성은 퇴보하게 됩니다. 자녀를 곁에 묶어 두어 자율성과 독립성을 빼앗는 대신 부모는 사랑과 관심을 대가로 주는 것입니다. 이러한 반복적 패턴은 사춘기에 도달할 무렵의 자포자기형의 청소년이 자신의 가치관, 정체성, 목표의 형성과정에서 부모와의 관계에서 돈독히 설정된 '지배-피지배'의 유형을 그대로 따르게 만듭니다. 성공에 필수적인 자율적이며 독립적인 태도를 자신의 인생에서 스스로 삭제하는 결과를 낳는 것입니다.

대부분의 자포자기형의 청소년은 내적으로는 의존성의 고리를 끊고 자주적인 인생을 살아가고 싶어 합니다. 그러나 진정한 의미의 자율성에 수반되는 불안감을 견디지 못해 '지배-피지배'의 관계를 끊지 못하고 부정적인 형태의 자율성을 발달시키게 됩니다. 부정적인 자율성은 자신을 지배하는 부모로부터 실제 구속되어 있음에도 불구하고 자유롭다 착각하는 상태를 말합니다. 자포자기형 청소년에게 부정적인 자율성은 자신의 무기력과 어려움을 개선시키려는 사람들을 거절하는 모습에서 확인할 수 있습니다. 유의할 점은 그들은 결코 겉으로 드러나는 방식으로 타인의 도움을 거절하거나 거부하지 못한다는 사실입니다. 타인의 도움을 일단은 받아들이는 듯이 보이긴 하지만 결국은 큰 효과가 없음을 보여줌으로써 자신의 거절과 거부를 표현합니다. 이렇듯 타인의 도움을 거절하는 부정적인 자율성을 보이면서 낮은 성취를 통한 의존성을 여전히 유지합니다. 이러한 방식으로 자신의 인생을 지배하는 사람과의 관계가 파괴되는 두려움을 피하는 것입니다.

자포자기형의 청소년은 일반적으로 매사에 부정적이며 회의적인 반응을 보입니다. 익숙한 패턴이 변화되는 경우, 우울증이 심해지고 자살시도나 자해 같은 극단적인 선택을 실행에 옮기기도 합니다. 때문에 이러한 위험성을 스스로 인지하고 방지할 수 있도록 적극 도와주고 관심의 끈을 놓지 말아야 합니다. 더불어 이러한 자녀의 부모나 교사들은 외부에서의 도움에는 한계가 있다는 사실을 늘 기억해야 합니다. 도움이 효과가 크지 않다고 해서 죄책감이나 실망을 가지지 않도록 주의해야 하며 아주 조금씩 변화시키려는 장기간의 노력이 꼭 필요하다는 사실을 명심해야 할 것입니다. 더불어 좀 더 큰 효과를 거두기 위해 전문가의 조력을 구할 필요도 있습니다. 내적 동기에 전혀 문제가 없어 보이거나 도움을 주려는 사람의 의지를 무의식적으로 꺾어 놓는 방식으로 실패를 자초하는 자포자기형 청소년의 구제는 매우 어려운 작업이기 때문입니다. 소중한 제자나 자녀가 일생을 실패의 늪에 빠지는 것을 미리 막아 주는 일은 무엇보다 가치 있는 일일 것입니다.

유형 4. 수줍은 유형

엄마 곁을 한시도 떨어지지 않으려는 초등학교 5학교 효범이

효범이는 온화한 성품의 어머니와 대학교수이면서 자유롭게 아이들을 키우려는 아버지 밑에서 자랐습니다. 어렸을 때부터 또래에 비해 말이 늦되고, 행동이 굼뜬 편이라 어머니께서 거의 모든 일을 다 해주거나 도와주었습니다. 그러다보니 효범이는 어머니 없이는 아무것도 하지 않으려는 아이가 되었습니다. 학교 수련회도 1박2일 일정이면 어머니와 떨어져서 자야 하는 두려움 때문에 한 번도 참여해 본 적이 없습니다. 학습진도도 느리고 행동도 느리고 어머니의 도움 없이는 아무것도 하지 않으려는 효범이는 큰 걱정거리가 되고 말았습니다. 아버지는 자신도 어렸을 때는 아들과 똑같았는데 지금 이렇게 잘 지내고 있지 않느냐며 걱정하지 말라면서 크면 저절로 다 고쳐진다고 위로했지만 어머니는 아무래도 우리 아이가 뭔가 2% 부족한 것 같다는 생각으로 상담실을 찾아왔습니다. 또래에 비해 작은 체구에 하얀 얼굴의 효범이는 상담실에서도 고개를 제대로 들지 못하고 수줍게 앉아 묻는 말에만 간단히 들릴 듯 말 듯 조그마한 목소리로 대답했습니다. 아이의 발달이 또래에 비해 늦어진다는 염려에 어머니는 효범이가 스스로 해야 하는 것까지 모두 대신 해주고, 어려움이 생기면 아이가 힘든 일을 겪는 고통을 지켜볼 수가 없어 더욱 적극적으로 처리해 주다보니 효범이는 어머니 없이는 아무것도 못하는 아이가 되어 버린 것이 확실해 보였습니다. 공부도 혼자 할 때와 누군가 옆에서 함께 할 때와 결과가 많이 달랐습니다. 내용의 어려움이나 집중력의 문제라기보다는 항상 의존하다 보니 혼자서는 할 수 없다는 생각이 무의식중에 자리 잡아 자신감을 잃고 그러다보니 충분히 훈련되어 평소에는 잘 풀어내던 문제들도 시험상황이 되면 틀리는 경우가 많아 늘 많은 시간을 공부하고 준비를 하는데도 좋은 점수를 받을 수가 없었습니다.

6학년이 되어서도 여전히 효범이는 혼자서 공부할 때에는 주관식이나 서술형문제처럼 깊은 생각을 요하는 부분은 거의 비워놓으며 문제를 스스로 노력할 엄두를 내지 않았습니다. 어머니가 옆에 앉아 다시 풀어보라고 기회를 주면 잘해내면서 말입니다. 이런 효범이의 태도가 어머니에게는 고민의 대상일 수밖에 없었습니다. 혼자 두면 실력이 늘지 않고 언제까지 붙어서 효범이를 가르칠 수도 없고, 과잉보호라는 주변의 지적을 받아 스스로 하게 놔두면 항상 작은 일 하나도 해내지 못하는 효범이 때문에 어머니의 근심은 더해지고, 효범이는 학습의 동기를 찾지 못해 점점 더 공부가 어려워지기만 했습니다.

성취동기가 낮은 청소년 가운데 수줍은 유형은 타인이 자신을 어떻게 평가하는 지에 대해 매우 민감한 게 특징입니다. 다른 사람의 아주 사소한 비판과 평가에도 매우 민감하고 예민하게 반응합니다. 악의 없는 장난이나 농담에도 쉽게 상처를 받습니다. 타인에게 긍정적인 평가를 받기 원하는 것이 이들의 일차적 동기에 해당됩니다. 이들의 낮은 성적과 사회적 수줍음의 이면에는 깊게 자리 잡은 낮은 자존감, 거절에 대한 공포, 타인의 부정적 평가에 대한 두려움이 존재합니다. 이러한 유형은 평가받아야 하는 새로운 상황을 회피하고 자신이 잘할 수 있다는 확신이 드는 부분에서만 도전하려듭니다. 다시 말해 자신이 해낼 수 있다는 확신이 드는 상황에서만 용기를 내는 것입니다. 이렇게 되면 자신의 능력으로 충분히 해낼 수 있는 일을 두고도 확신이 들지 않으면 도전 자체를 포기하기 때문에 빈약한 성취와 성적을 얻게 되고 그것에 만족해 하는 경우가 많습니다. 또한 학업에서의 높은 성취로 인해 주목받게 되어 사회적 위치가 상승되거나, 성공 자체가 자신이 원치 않는 책임을 증가시키고 타인의 기대치를 높이는 매개체로 인식하며 두려워하게 됩니다. 일반적으로 이러한 유형의 청소년은 다수보다는 소수로 구성된 학급환경이나 성적과는 무관하게 순수하게 자신을 좋아해주는 교사를 만났을 때 최고의 능력을 발휘하는 경우가 많습니다. 초등학생에서 중학생이 되거나 중학생에서 고등학생이 될 때 특히 어려움에 처하게 되고 표면적으로 심각한 문제가 드러나기 시작하는 경우가 많습니다.

수줍은 유형의 청소년은 단지 몇 명의 친구들하고만 친하게 지내는 게 일반적입니다. 자신이 실수하거나 상황에 부적절한 언행을 저지를까봐 되도록 말을 삼가는 습성이 있어 다른 이들에게는 조용하고 어수룩해 보이기도 합니다. 이 유형의 대부분은 부모가 자신의 학교생활이나 학업 성취에 대해 교사에게 확인하는 상황을 매우 두려워하며 심지어 굴욕감을 느끼기도 합니다. 그러나 이러한 자신의 감정을 거의 부모에게 표현하지 않습니다. 부정적인 평가에 대한 두려움이 매우 크기 때문에 학교생활이나 학업 영역에서 자신의 능력을 제대로 발휘하지 못하고 위축되고 맙니다. 주변 사람들에게 대해 필요이상으로 신경을 쓰며 예속되어 있는 것입니다.

이들에게 부정적인 평가와 거절 그리고 굴욕감은 낮은 성적으로 이어집니다. 수줍은 유형의 청소년은 자존심의 상처와 굴욕감을 야기하는 실패 상황을 피하기 위해 숙제나 공부, 다른 성공지향적인 행동들을 피하는 방식을 선택하고 그에 따른 결과를 감수합니다. 모순되게도 이러한 유형은 실패에 따른 비난을 두려워하기 때문에 자신의 능력을 충분히 발휘하지 못해 실패하고 낮은 성취를 보입니다. 지능이 낮거나 능력이 모자라서 공부를 못하는 것이 아니라 실패에 대한 두려움이 노력의 의지를 무너뜨리는 것입니다. 부정적인 평가와 거절에 대한 두려움도 매우 강해서 잘해내지 못할 것 같은 새로운 도전을 앞두고는 곧잘 포기하기도 합니다. 특히 높은 지능, 좋은 성적, 교육적 성취에 중요한 가치를 두는 부모의 자녀들에게서 많이 나타나는 유형입니다.

수줍은 유형의 청소년은 새로운 학습 대상이나 낯선 환경에서 공황에 가까운 증상을 보이는 경향이 있습니다. 병리적 수준의 공포까지는 아니더라도 대체로 이들은 거절이나 굴욕감이 예측되는 상황에 심한 불안감을 경험합니다. 마치 뱀이나 벌레에 특정 공포증이 있는 환자처럼 이 유형의 청소년은 다양한 상황에서 두려움을 느낍니다. 중요한 마감 시간이나 날짜를 잊어버리거나, 시험 불안을 보이거나, 시험을 코앞에 두고 설사나 복통, 두통을 호소하는 식의 다양한 형태를 나타냅니다. 학교 일, 숙제, 시험공부 등에 대해 생각하는 것조차 기피합니다. 시험공부나 숙제에 집중하지 못하며 잡념에 빠져들고 시험을 볼 때에도 마찬가지입니다. 이러한 유형은 상상이나 공상을 많이 하고 특히 자신이 잘할 수 없는 부분이나 실패할 것이라 예측되는 과제 앞에서는 이러한 경향이 더욱 심해집니다. 그래서 학교 자체가 두려운 학교 공포증이 발생하기도 합니다. 이들은 직접 겪게 되는 현실과 자신이 가지는 상상 속의 세상 사이에 많은 차이를 잘 받아들이지 못합니다. 현실에서는 존재하지도 않는 두려움 속에 갇혀 사는 것입니다. 무심한 주변 사람들은 이러한 유형이 흔히 겪는 두려움의 실체를 알게 될 때 놀라거나 코웃음을 치기도 합니다. 물론 당사자에게는 큰 상처가 되고 맙니다.

수줍은 유형의 청소년은 학업에 도움을 주는 주변 사람들에게 의존하는 경향이 높습니다. 그들은 혼자서 학업이나 새로운 상황, 일에 도전하지 못하기 때문에 일상생활에 부모의 개입이 당연시되는 경우가 많습니다. 자신을 돌봐주는 사람이 옆에 없으면 지속적으로 공부도 할 수 없고, 책상에 앉자마자 공상에 빠지거나 의자를 움직이고 필기도구를 쥐었다놓았다 하는 등의 산만한 행동을 보입니다. 일부는 자신의 나쁜 성적에 대해 부모 탓을 합니다. 성적이 좋지 않은 주된 이유가 어머니가 제대로 도와주지 않았기 때문이라고 판단합니다. 성적이 나쁜 이유를 자신에게서 찾기보다는 부모의 책임으로 돌리려 드는 것입니다.

임상적으로는 이러한 청소년은 다양한 형태의 공포증을 가진 성인으로 성장할 가능성이 많다고 보고 있습니다. 그 중 대표적인 것이 대인공포증과 사회공포증입니다. 수줍은 유형으로 분류되는 성향이 많아질수록 더욱더 부모에게 의존하게 되고 자신의 생각과 감정은 점점 은폐하게 되면서 외부에 대한 공포감을 키우는 것입니다. 이러한 과정은 자신의 인생에서 스스로 고립되며 별일 아닌 상황에서도 좌절하고 마는 안타까운 결과를 초래하기 쉽습니다.

① 원인

수줍은 유형의 청소년이 도전을 회피하고 실패에 대한 두려움, 굴욕감, 당혹감을 보이는 원인은 어린 시절에서부터 찾아볼 수 있습니다. 기질적인 요인도 어느 정도 고려되어야 하겠지만 부모가 너무 어린 나이의 자녀에게 지나치게 비판적이었거나, 발달 수준이나 능력에서 벗어나는 범위의 독립적인 역할수행을 강요받으며 성장한 경우가 많은 것입니다. 수줍음은 일종의 천성적인 성격인데, 이러한 특성을 지닌 자녀에게 부모는 더욱 독립성이나 자율성을 강요하는 역설적인 상황이 자주 나타납니다. 특히 부모의 성향이 자녀와는 달리 외향적인 경우 더욱 심하게 나타납니다. 이러한 상황에서 수줍은 유형의 청소년은 부모의 요구를 도저히 감당할 수 없어 극심한 수줍음과 굴욕감을 경험하게 됩니다. 너무 어린 나이에 대소변 훈련을 받는다거나 어머니와 떨어져 양육될 경우에도 비슷한 결과가 나타납니다. 정상적인 수준의 의존성도 허용되지 않았기 때문에 이러한 자녀의 내면에는 외부의 부정적인 비판과 자신의 실수에 따른 수치심이 축적되는 경우가 많습니다. 그러한 경험으로 인해 새로운 상황이나 환경에 처했을 때 부끄러움과 수치심이 먼저 예견되기 때문에 두려움을 가질 수밖에 없는 것입니다.

그와 반대로 성장에 따른 정상적인 수준의 스트레스나 불안을 허용하지 않는 과잉보호적인 부모의 태도 역시 문제가 될 수 있습니다. 자녀와의 의사소통에서 너는 무기력하며 의존적이기 때문에 어머니의 보호가 필요하다는 식의 메시지를 언어적, 비언어적으로 전달하는 것은 매우 좋지 않습니다. 과잉보호적인 부모는 자녀에게 부모로부터 떨어져 있는 것에 대해 불안감을 증대시키며 그 결과 자녀는 더욱 과도하게 부모의 환경과 관심에 의존하게 됩니다. 결국 수줍은 유형의 청소년의 사례에는 부모들이 필요 이상의 도움을 베풀어서 야기되는 높은 수준의 의존적 수치심을 경험하게 만드는 경우가 많고 자녀는 더욱 심한 수치심, 굴욕감, 두려움에 힘들어 하면서도 자신의 내면을 숨기기 위해 노력하게 됩니다. 숨겨져 있는 내면의 감정들은 부모와 자녀의 생활을 지배함으로써 불안과 의존에 대한 값비싼 대가를 치르게 됩니다.

더불어 이러한 자녀는 기본적인 인간의 욕구 중의 하나인 자율성과 독립성에 대한 바람이 부모로부터 봉쇄되기 때문에 이후에 가장 다루기 어려운 형태의 동기문제인 무기력을 보이기도 합니다. 자기 스스로가 무언가를 할 수 있는 불씨 자체를 내면에서 잃어버린 듯한 상태가 되는 것입니다. 수동적이며 타인의 조언에 따르지 않는 공격적인 자세를 통해 자신의 존재를 확인받으려고도 합니다.

② 변화목표

이러한 유형을 개선시키기 위해서는 우선 자녀 스스로 도움을 청할 수 있도록 유도하는 노력이 필요합니다. 자녀가 학교에서 부닥치는 여러 문제들을 숨기는 경우가 많은데 이는 다른 사람이 자신을 부정적으로 보고 있는 것으로 오인되는 게 두려워서 입니다. 그러한 기우를 떨쳐내고 학교생활에서의 불만을 솔직히 털어놓을 수 있도록 하는 게 첫 번째 순서입니다. 더불어 부모 스스로 자녀가 도전을 회피하는 데에 비밀스러운 파트너 역할을 하고 있지는 않은지 점검해봐야 합니다. 부모 모두가 그럴 수도 있고, 어머니나 아버지 중 한 명이 해당될 수도 있습니다. 자신의 자녀가 불안을 경험하거나 정서적 좌절을 경험하는 것이 두려워 자녀들을 과잉보호하고 그들을 자신의 울타리 안에서 붙잡아 두려고 애를 쓰고 있지는 않은지도 살펴봐야 합니다. 이러한 성찰이 선행되지 않으면 몇 해 동안 속을 끓이고 나서야 자녀의 낮은 성취와 정서적 문제를 해소하는 게 매우 어려운 일이라는 것을 깨닫는 경우가 많습니다.

과잉보호의 이유가 부모 두 사람의 관계에서 촉발되기도 합니다. 남편에게서 혹은 아내에게서 채워지지 않는 공허감을 자녀를 통해 충족하려는 심리가 자녀에 대한 과도한 집착으로 나타나게 되고 그로 인해 어느 정도 거리를 두어야 하는 상황에서도 여전히 집착을 버리지 못하는 것입니다.

수줍은 유형의 부모들은 자녀와 비슷한 심리적 패턴을 보입니다. 특히 자신의 자녀가 부정적인 평가를 받음으로써 자신들의 양육에 대한 문제점이 드러나지 않을까 하는 두려움으로 심리치료나 면담을 회피하거나 자녀의 문제점을 해결하려는 노력을 포기해 버릴 수도 있습니다. 창피한 것보다는 차라리 고통 받는 게 낫다는 입장인 것입니다.

수줍은 유형의 청소년을 도우려는 부모나 교사는 두 가지 고려할 사항이 있습니다. 우선 자녀들이 할 수 있는 능력 혹은 할 수 있다고 느끼는 능력의 범위를 벗어난 목표를 세우고 너무 호되게 몰아붙이는 경향이 있는데 이는 어떤 일에서도 마찬가지겠지만 문제를 더욱 악화시키는 결과를 야기할 위험이 도사리고 있습니다. 심하게 몰아붙이는 행위는 자녀가 지닌 실패와 수치심에 대한 두려움의 패턴을 잠시 환기시키는 효과밖에 없습니다. 오히려 자신의 잠재능력을 발휘하지 못하게 만들어 버리는 역효과를 낼 우려가 큽니다.

거듭 강조하지만, 이러한 유형의 부모는 자녀에 대한 과잉보호를 가능한 빨리 해제해야 합니다. 자녀가 편안함을 느끼는 정도에서 멈춰야지 부적절하게 보살펴 의존적이 되도록 만들어서는 절대 안 됩니다. 필요 이상의 간섭이나 보살핌은 변화를 거부하는 방어적인 굴레를 다시 되풀이하는 것에 지나지 않습니다.

수줍은 유형의 청소년은 아동기를 지나 사춘기에 들어서면서 가벼운 우울증으로 발전할 가능성이 있습니다. 사회적 불안이나 학업과 연관되어 나타나는 경우가 많은데 이러한 우울감은 자신의 수치심을 극복하는 과정을 통해서 좋아질 수 있으며 사회적 관계 개선이나 성공에 대한 확신을 통해서도 극복할 수 있습니다.

수줍은 유형의 자녀가 성공적으로 변화되려면 부모의 양육태도 역시 성공적으로 변화되어야 합니다. 자녀에게 과감한 수준의 자율성을 부여하는 것도 좋은 방법입니다. 가정을 벗어나 친구를 사귀는 것은 긍정적 변화를 이끄는 매우 중요한 요소입니다. 부끄러움을 잘 타고 회피하는 게 버릇이 된 유형의 변화는 당사자에게는 힘든 일이지만 '직면'이라는 과정을 통해서도 가능합니다. 즉, 불안을 야기하는 새로운 상황에 도전함으로써 변화를 더욱 촉진시킬 수 있습니다. 수줍은 유형은 내면의 두려움이 자기 인생의 많은 가능성과 성취를 가로막는 장애물임을 인식하고 정면대결해서 쓸데없는 두려움에서 벗어나야 합니다. 내면의 문제에 스스로 맞서 싸우는 노력은 수줍은 유형의 청소년에게 자신의 능력에 걸맞은 성공적인 사회 생활과 학교생활로 이어지는 지름길과도 같습니다.

유형 5. 사교형

인기가 많아질수록 떨어지는 성적

진영이는 중학교 3학년 여학생입니다. 가족을 끔찍이도 아끼는 아버지와 세련되고 친구 같은 어머니를 두고 있습니다. 진영이는 키도 크고, 얼굴도 예쁜데다 사교성도 출중해서 어디가나 듬뿍 사랑을 받았습니다. 친구들 사이에서도 인기가 높아 초등학교 때부터 반장, 부반장을 쭉 해왔고 지금도 학급회장을 맡고 있습니다. 당연히 진영이는 어렸을 때부터 주변의 기대가 남달랐습니다. 예술적 재능까지 갖춰 진로 설정을 할 때도 하고 싶은 게 너무 많아서 고민일 정도였습니다. 초등학교 때는 공부를 열심히 하지 않아도 성적이 잘 나왔고, 담임선생님과 학급아이들에게 모범생소리를 들으면서 노는 아이들까지 모두 친하게 지냈습니다. 공부도 잘하고 성격도 좋고 놀기도 잘하는 누구나 선망하는 완벽한 학생이었습니다. 중학교에 들어오면서 어머니는 진영이 옆에서 1학년 때까지 공부를 도와주었습니다. 어머니는 대학에서 과학을 전공하시고 외국생활도 오래하셔서 외국어와 과학을 도맡아 가르쳐주시고, 공학박사이신 아버지는 진영이의 수학을 담당하셨습니다. 중학교 1학년 기말고사에서 반에서 1등을 하여 더욱 기대가 높아졌습니다.

그런데 중학교 2학년에 들어서부터는 반에서 10등 밖으로 밀려나고, 중간고사 결과는 말이 아니었습니다. 어머니는 일시적인 문제이겠지 하며 기말고사를 기대했는데 이번에는 성적이 더 떨어졌습니다. 2학기 때도 상황은 마찬가지였습니다. 보다 못한 어머니가 1학년 때처럼 도와주겠다고 하자 혼자 해보겠다고 고집을 피우다가는 시험 직전에 와서야 도움을 청하곤 해선 벼락치기 공부가 반복되었습니다. 사춘기에 접어들면서 진영이는 전에 없이 거세게 반항하기 시작했습니다. 어머니는 기다리는 것밖에는 방법이 없다고 생각하고, 진영이의 의견이나 요구를 많이 수용해주었습니다. 중학교 2학년 성적의 결과는 반에서 중간 정도에 수학점수는 거의 바닥이라 심각한 상태에 이르렀습니다. 어머니는 더 이상 지켜볼 수 없어 진영이와 함께 상담실에 찾아왔습니다.

  진영이와 얘기를 나누면서 진영이의 생활이 얼마나 불성실한지 알 수 있었습니다. 책상에 앉아 있으면서도 대부분의 시간을 인터넷 채팅이나 웹스토어의 예쁜 물건을 구경하는 일로 보내고 수업시간에는 반에서 제일 잘 노는 아이들과 가까이 앉아 수업에는 거의 집중하지 못했습니다. 그동안 모범생에 살가운 성격의 소유자로 인식돼온 덕분에 선생님들도 별다른 지적을 하지 않았고 성적이 떨어져도 묵묵히 잘할 때만을 기다려 주었습니다. 하지만 진영이는 점점 더 주변 사람을 속이고, 자신의 성실하지 못한 행동은 반성하지 않고 어머니의 핀잔만 야속하게 여기는 일이 많아졌습니다. 주말이면 독서실에 가겠다고 하고서는 친구들과 영화를 보고 놀다가 들어오고, 핸드폰 문자 건수를 일주일에 5000건 넘게 사용하는 행동을 보이는 일도 많아졌습니다. 친구들에게 연락이 오거나 문자가 오면 꼭 답을 해주어야 한다며 손에서 핸드폰을 떼어놓지 않았습니다. 초등학교 때는 공부가 크게 어렵지 않았고, 조금만 신경을 써도 쉽게 점수를 받을 수 있었지만 중학교 입학 후에는 사정이 크게 달라졌습니다. 진영이도 긴장감이 들어 다시 공부에 매달려보고, 어머니의 도움도 다시 시작되었지만 성적이 쉽게 오르지 않았습니다. 스스로 공부를 해보고 어려움을 극복해 본 경험이 적은 진영이는 공부를 잘하고 싶은 생각은 마음뿐이었고 행동은 그렇지 못했습니다. 주말엔 어떤 핑계를 대서라도 친구들과 만나서 놀고 친구들과의 핸드폰 연락에 매달리곤 하였습니다. 예전의 인기를 놓치고 싶지 않은 까닭이었던 것입니다.

진영이와 상담실에서 꾸준히 진행한 치유작업은 성실성을 기르는 일이었습니다. 자기 자신을 속이지 않고 한 주 동안의 계획을 충실히 지키는 데에 주력했습니다. 성실성을 기르는 일이 쉽지만은 않았지만 6개월 정도 상담이 진행되자 진영이도 학습에 집중하려고 노력했고 성적도 꽤 올랐습니다. 하지만 여전히 주변 관계에 대한 끊임없는 욕구를 적절히 자제하지 못해 갈등하고 있습니다.

성취동기가 낮은 청소년 가운데 사교형은 사회성이 좋은 반면 분석적 사고능력이나 지적 성취가 매우 낮은 특징을 가지고 있는 경우입니다. 그들은 학교생활을 비교적 잘하는 편인데 왜냐하면 학교에 가는 것이 친구들을 만나러 가는 것과 같기 때문입니다. 학교에서 인기가 높고, 잡담을 많이 하고 다른 친구들로부터 주목받을 만한 행동을 자주합니다. 학교에 다니는 목적이 공부나 학업적인 성취를 위해서가 아닌 것입니다. 사교형은 새로운 것을 좋아하고 호기심이 많으며 자극적인 것을 추구합니다. 자신이 원하는 사회적 바람이나 희망의 기대치가 바로 채워지지 않으면 쉽게 지쳐 버리는 경향이 큽니다. 이런 유형은 자신의 경험을 과장스럽게 이야기하며 때로는 연기를 하는 것이 아닐까 싶게 행동하기도 합니다. 과장된 행동과 이야기를 밑천으로 타인에게 주목받고 싶어 하며 자기 의도대로 타인을 조종하려고도 합니다. 매일의 생활이 축제이며 파티이기를 원하는 듯 보이기도 합니다.

그러나 지나치게 활발하고 밝은 모습은 자신의 불안이나 낮은 자존감을 감추기 위한 가면인 경우가 많습니다. 사교적 유형의 청소년은 주목받으려는 욕구가 장기적으로는 학습 성취, 미래의 목표, 가정의 화합과 같은 긍정적인 측면을 크게 해친다는 사실을 인식하지 못합니다. 주목받고 싶은 욕구가 매우 강하며 이러한 욕구가 채워지지 않으면 쉽게 화를 내고 우울해 합니다. 그래서 종종 과장된 이야기와 연극적 행동을 통해 주변의 시선을 집중시키려 듭니다. 긍정적 측면에 대한 주목이 용이하지 않다 싶으면 부정적인 측면이라도 주목받는 길로 흘러가기도 합니다. 자신의 감정을 부모 앞에서 연극적으로 조절하는 방법도 탁월한 편입니다. 특히 부모가 별로 탐탁지 않은 친구들로부터 떼어 놓으려고 들면 심하게 반항하며 심지어는 자살이라도 할 것처럼 위협하기도 합니다. 과장된 언행으로 연극적인 모습을 연출해 내는 것입니다.

그들은 자신의 감정을 과장되게 표현하고 사회적으로 노출하는 것이 긴밀한 인간관계를 형성하는 방법이라 믿고 있습니다. 실제로 그들은 동성 친구나 이성 친구, 부모와 같은 오래 지속된 관계에서 자기중심적이고 이기적인 행동을 하는 경향이 높은 것을 쉽게 관찰할 수 있습니다. 때때로 지나치게 치장을 하고 화장을 하는 등, 학교 교칙을 어기면서까지 외모를 가꾸는 일에 신경을 곤두세웁니다. 카멜레온처럼 상황과 장소, 자신이 처한 상황에 따라 다양한 모습을 보이기도 합니다. 이러한 태도와 행동은 자신에게 관심을 보이거나 자신의 재능을 인정해주는 친구에 따라 변화무쌍하게 바뀌기도 합니다.

사교형의 청소년은 일상적이며 규칙적인 일들을 매우 지루해 합니다. 주목, 인정, 칭찬에 대한 욕구가 높아 좌절을 잘 견디지 못하고 충동적이며 즉각적인 만족을 즐기기 때문에 단기간의 이익에 초점을 맞추는 사고방식을 가지고 있습니다. 전화로 잡담을 하거나 친구를 만나는 것에 너무 많은 시간을 허비해서 공부에 충실하기도 어렵습니다. 결국 낮은 성적을 받게 되고 가정의 분위기는 냉랭해지면서 부모의 꾸중이 늘어납니다. 그래도 별로 나아지는 것은 없습니다. 지능지수는 높지만 성적은 자꾸 떨어지고 공부 좀 하라는 부모의 말에 화를 내고 반항하기 일쑤입니다. 학원에 다니는 일이나 공부 잘하려는 노력 따위를 쓸데없는 짓이라고 생각합니다. 일상적으로 되풀이되는 일들에 대한 지루함을 견디지 못하고 인내력이 약해 쉽게 좌절하면서 공부와는 점점 멀어져 가게 됩니다. 지적발달을 견실하게 이루어야 할 청소년기에 학교 성적에는 관심이 없고 원만하며 인기 있는 대인관계만을 중요하게 여깁니다. 자신의 나쁜 점만 고치면 공부도 잘하면서 친구들 사이의 인기도 유지할 수 있다는 사실을 알지 못하기 때문입니다.

사교형의 청소년은 놀랄 정도로 경쟁적인 면이 있습니다. 그들이 누리는 대중적인 인기는 다른 친구와의 경쟁으로부터 획득한 것이기도 합니다. 겉으로는 매우 폭넓은 친구 관계를 형성하지만 실제로는 변덕이 심하고 자신의 감정을 솔직하게 주고받는 긴밀한 관계를 형성하는 깊은 교우관계는 드뭅니다. 이러한 유형의 또래 집단은 형성 초기에는 따스함이나 정서적인 면보다는 다양한 부분에서의 경쟁심과 공격성을 나타냅니다. 친구 관계를 형성하는 중요한 동기가 신뢰감이나 친밀감보다는 집단 내의 단기적인 동맹적 성격이나 엄격한 부모에 대한 공동의 반항심에 근거하여 이루어집니다. 초등학교 고학년이나 중학교에 접어들어 나쁜 친구들과 어울리며 부모를 힘들게 하는 경우는 어느 학교에서나 어렵지 않게 찾아볼 수 있습니다. 그들 집단의 특성을 살펴보면 서로를 진심으로 신뢰하고 잘되는 방향으로 이끌어주는 것이 아니라 서열 같은 것을 정해 서로 경쟁하고 자신들보다 약한 아이들을 괴롭히는 경우가 많습니다. 또한 부모나 다른 또래 집단과 갈등을 유발하는 행동을 영웅시하며 서로가 서로를 부추겨 더 심한 행동을 저지르곤 합니다.

이러한 유형의 청소년은 어느 정도 시간이 흐르면 또래 관계에서 오히려 외로움과 소외감을 경험하기도 합니다. 사교성만으로 혼자서 노력해야 할 일들을 해결할 수는 없습니다. 사실 공부라는 것은 여럿이 모여서 같이 한다고 해도 결국은 자신의 노력만이 성패를 좌우하는 외로운 일입니다. 공부를 할 때에도 친구들로 둘러싸여 있거나 혼자서 공부를 할 때에는 적어도 라디오라도 틀고 있어야 마음이 편해지는 사교형의 청소년은 책상 앞에 앉아서도 친구와 핸드폰으로 문자를 주고받거나 전화를 하느라고 공부에 집중하지 못합니다. 이러한 습관은 나중에 성인이 되어서도 고치기 어렵고 사회생활에 커다란 방해물로 작용될 위험이 높습니다.

① 원인

사교형의 청소년은 아동기에는 자신의 진실한 감정을 숨기고 부모로부터 승낙과 주목을 얻기 위해 곧잘 거짓된 행동을 합니다. 청소년기에 들어서면서 이들은 허용과 주목 받을 대상을 부모에서 친구와 교사로 바꿉니다. 주목받고 자신의 요구가 허락되면 우울감이나 외로움을 잠시 물리치게 됩니다. 마치 개그맨처럼 행동해서 교실의 친구들에게서 웃음을 얻어내게 되면 순간적으로 행복감에 도취되기도 합니다. 가벼운 익살로 진정한 의미의 관심과 인정을 받기 어렵다는 것을 잘 알고 있지만 주목받는 일에 매달리다 보면 결과는 낮은 성적뿐입니다. 그래서 교실에서의 익살과 장난으로 얻는 기쁨은 순간적이고 장기적으로는 외로움과 우울감이 증가됩니다. 나름대로는 최선을 다해 친구들에게 즐거움을 주었지만 그것만으로는 친구들의 주목을 지속할 수 없어 더욱 심한 외로움과 우울이 자리 잡는 것입니다.

7세에서 8세의 발달 단계에서 영리한 아이는 부모의 인정과 수용에 매우 예민하게 반응하는 감각이 크게 신장됩니다. 주된 관심은 부모의 규칙을 어떻게 따를 것인가에 가 있고 부모로부터 인정을 얻지 못하게 되면 매우 불안정해집니다. 부모가 원하지 않는 자신의 감정을 마음속에 숨기는 방법도 스스로 터득해냅니다. 부모가 원하는 모습을 보여주기 위해 애를 쓰기도 합니다. 자신이 영리하고 에너지가 넘치며 외향적인 자녀가 되기를 원하고 있다는 사실도 스스로 깨닫게 됩니다. 부모의 뜻대로 행동하면 보상이 따른다는 것도 알게 되며, 부모가 원하는 대로 자신은 항상 유쾌한 기분으로 지내려고 노력하기도 합니다. 이러한 양육방식은 자녀에게 '인정-불인정'의 미묘한 신호에 매우 예민하게 반응하는 성격을 심어주게 됩니다. 그들은 자신에게 주어지는 보상과 관심을 사랑받고 있다는 신호로 받아들이는 동시에 자신의 존재가치를 판단합니다. 부모의 처벌은 자신을 거부하는 신호로 받아들이는 동시에 매우 불안정한 상태에 빠집니다. 시간이 지날수록 자신의 외모와 사회성에 대한 외적 신호에 더욱 민감해지면서 감정은 점점 피상적으로 바뀌고 구체성을 잃어버리게 되어 내면 깊숙한 곳에 묻어두게 됩니다. 이러한 사실은 그들의 표현이나 말에서 관찰할 수 있는데 거의 언제나 과장되며 연기를 하는 듯한 모습을 보입니다. 자신의 친구를 '정말, 환상적인'이라고 표현하지만 피상적인 느낌을 전달할 뿐 구체적인 묘사는 하지 못하는 경우가 많습니다.

사교형 청소년의 핵심적인 문제는 자신의 인생을 스스로는 적절하게 다루지 못한다는 깊은 믿음을 가지고 있다는 점입니다. 이러한 믿음 때문에 자신의 인생을 통제하기 위해 타인이 필요하다는 결론을 내립니다. 자신의 낮은 자존감을 인식하는 것은 위협적이며 고통스러운 일이기 때문에 자신을 주목해주고 존경해줄 누군가를 찾게 되는 것입니다. 이러한 방식으로 자신을 좀 더 좋은 사람으로 꾸밀 수 있으며 자신의 무능을 대체할 수 있으리라 기대하는 것입니다.

앞에서 언급했던 수줍은 유형과 미루는 유형은 공통적으로, '나는 내 인생을 스스로 조절하기에는 부적절한 존재다.'라는 자기지각을 가지고 있습니다. 수줍은 유형의 자녀들은 매우 적극적인 형태로 자신의 부적절함이 노출되는 것을 꺼리고, 미루는 유형의 자녀들은 다른 사람들이 자신을 적절한 존재로 변화시켜주기를 원합니다. 반면 사교형의 자녀들은 주목받고자 하는 욕구가 타인에 의해 충분히 충족되도록 만드는데 적극적입니다. 그들은 타인에게 주목받는 방법을 찾는데 몰두하고 눈에 띠는 행동이다 싶으면 무엇이든 저지릅니다. 환경의 조작을 통해 타인의 행동이 자신을 위해서 움직이기를 바라고 주목과 허용을 얻어내기 위해 타인의 감정을 조종하는데에 능숙합니다. 이러한 유형의 대표적인 예가 '바람과 함께 사라지다.'의 '스칼렛 오하라'입니다. 그녀의 감정은 대단히 피상적이며 매우 연극적으로 행동하며, 자신이 원하는 바를 얻기 위해 타인을 쉽게 이용하는 대표적인 인물입니다.

사교형의 청소년은 항상 타인의 눈으로 자신을 보기 때문에 다른 사람들이 바라는 그러한 사람으로서 자신을 꾸미려 듭니다. 누군가 관심을 보이면 자신이 매력적이며 아름답다고 믿습니다. 하지만 또 다른 누군가 자신을 비난하고 거절한다면 자신은 무가치하고 열등하다고 판단합니다. 실제로 사교형의 청소년은 외부의 가치에 종속되어 자신의 내적 경험에 매우 둔감합니다. 그래서 타인의 반응이나 시선에서 벗어난 독립적인 자기정체감을 형성하는 것이 매우 어렵습니다. 장기간의 이러한 강박적 상태는 자신의 내적 사고, 가치, 정서를 다루는 방법을 망각하게 만듭니다. 그들은 자신의 내부에 굳건히 버티고 있어야 할 기둥과 반석을 스스로는 세울 수가 없기 때문에 자신을 대신해서 기둥과 반석을 제공할 타인을 찾아 헤매게 되는 것입니다.

사교형의 청소년은 자신에 대한 통찰 능력이 매우 낮기 때문에 자신을 돌아보게 하는 질문에 깜짝 놀라곤 합니다. 부적절한 내적 감각으로 인한 불안이 모호한 인지적 유형의 발달로 이어지기 때문에 과거 자신의 특정 행동을 기억하지 못하는 경우가 많습니다. 자신의 실수에 대한 특정한 기억이 없기 때문에 자신의 행동을 변화시키는 것이나 능력을 키우기 위해 자신에게 필요한 객관적인 정보나 지식을 스스로는 찾아내지 못하는 것입니다.

② 복합적인 문제

부모나 교사들은 이러한 유형의 자녀들이 우울해한다는 사실을 잘 모를 수도 있습니다. 사교형의 청소년은 어떻게 하면 사람들에게 주목 받을 수 있는 사회적 기술에 능숙하고 내면의 '자기의심'과 우울한 기분에도 불구하고 일반적으로 매우 협동적이고 친밀한 모습을 보입니다. 늘 매력적인 모습으로 내면에 있는 절망을 숨김으로써 진짜 자기 모습은 감추어 버립니다. 우울한 상태에서도 잘 웃으며 주위의 관심이 줄어 고통 받을 때도 미소를 잃지 않습니다. 외적으로는 협동적이며 협조적으로 보이지만 내적으로는 분노가 꽉 차 있어 저 혼자만의 마음속 일기를 쓰고 있을 가능성이 높습니다. 겉과 속이 완전히 다른 것입니다.

이러한 유형은 자신의 신체적 매력과 외모를 가꾸는 것에 지나치게 신경을 쓰며 정서적 관계보다는 눈에 보이는 외형적 관계를 중시합니다. 친밀함과 허용 받는 느낌을 얻기 위해 미성숙한 상태에서도 성적 관심이 높습니다. 사회적 인기를 얻는 노력이 낮은 성적과 학업에서의 실패로 이어져도 별로 개의치 않습니다. 학업적 성취와 높은 성적에 가치를 두는 부모로부터 처벌을 받게 되면 공부나 성적보다는 인정받을 수 있는 다른 무엇을 찾아 나설 확률이 높습니다.

문제를 해결하기 위해 자녀를 사회적 관계로부터 격리시키는 방법을 사용하려는 부모들이 많은데 이러한 방법은 자녀가 우울한 마음을 해소할 수 있는 유일한 탈출구를 없애는 효과밖에는 없습니다. 결과적으로 자녀는 더욱 분노와 침울함에 휩싸이게 되며 부모와의 단절과 반항적 성향은 더욱 깊어가게 됩니다.

③ 변화목표

사교형의 청소년은 자신의 숨겨진 정서를 확인하고 탐색할 수 있도록 이끌어주는 조력자가 필요합니다. 혼자서는 자신의 행동을 불러일으키는 내면의 정서를 올바르게 살펴보기 어렵기 때문입니다. 모호한 자신의 정서와 동기를 조력자의 객관적인 시각을 통해 구체적으로 읽어보면 자신의 문제를 선명하게 깨달을 수 있습니다. 예를 들어, 교실에서 과장되게 익살을 떨고 있는 사교형 청소년에게 교사가 이렇게 말하는 겁니다.

"오늘 네 기분이 매우 안 좋은 것 같구나. 마음과는 다르게 웃고 있으려니 정말 힘들지?"

이러한 접근방식에 사교형 청소년은 눈물을 글썽이는 식으로 반응하기 쉽고, 자신의 마음속 깊은 곳에 깃든 외롭고 힘든 감정을 강렬하게 인식하는 효과로 이어집니다. 이러한 수순은 사교형 청소년이 자신의 숨겨진 정서에서 말미암은 칼날 같이 예민한 감성을 다치지 않으면서도 자신의 진실한 감정에 세밀하게 연결되도록 하는 것입니다.

이러한 유형은 자기 이해와 자신의 능력에 대한 감각이 정상을 되찾으면, 소속된 집단이나 가족에게 많은 도움을 줄 수 있는 인물로 탈바꿈하게 됩니다. 책임감이 더해진다면 풍부하면서도 깊이 있고 의미 있는 사회적 관계를 형성할 수 있으며 매우 창의적이며 상상력이 풍부한 사람이 될 수도 있습니다. 주변으로부터 인정과 관심을 받는 것에만 매달려 있는 마음의 병을 치유하여, 스스로 바람직한 정체성을 형성하고 성취를 획득하는 기쁨을 누릴 수 있도록 이끄는 것이 부모나 교사의 제1의 임무일 터입니다.

유형 6. 거짓말 유형

매일 엄마와 싸우는 기훈이

기훈이는 어렸을 때부터 뭐든 가르치면 잘 따라와 주변의 기대가 컸습니다. 학원을 운영하는 어머니는 공부 잘하는 아이들을 볼 때마다 영리한 아들에 거는 기대와 욕심이 커져갔고 뒷받침만 잘 해주면 못해낼 것이 없는 아이로 성장할 것이라 믿어 의심치 않았습니다. 기훈이는 이러한 기대를 잘 알고 있어서 크게 부담스럽기도 했지만 어머니가 시키는 대로 따르려고 최선을 다했습니다. 부모님은 서로 사이가 좋지 않아 기훈이가 어렸을 때부터 따로 살고 있었고 초등학교 5학년 때 아버지와 소식이 끊겨 그후로는 현재 고2가 될 때까지 만나보지도 통화를 해본 적도 없습니다. 마음속에는 말 못할 외로움과 답답함이 쌓여 갔습니다. 친구들과 잘 어울리면서도 때론 자기주장이 강해 종종 친구들과 부딪치곤 했는데, 그럴 때마다 무시당하지 않으려고 거짓말을 했습니다. 부모님의 직업, 가정환경을 부풀리거나 아예 없는 사실을 만들어 자랑했습니다. 친구들의 부러움을 살만한 위장된 겉모습을 꾸미는데 갖은 노력을 기울인 것입니다. 고등학교에 올라오면서부터 성적은 계속 떨어지고, 어머니의 잔소리는 늘어만 갔습니다. 힘든 일이 있을 때면 아버지와 솔직히 상의하고 수월하게 고비를 넘기는 친구들의 모습이 너무 부럽기만 했습니다.

어머니는 초등학교 때부터 줄곧 1등만 해왔고, 중학교 때에도 성적이 상위권에서 벗어난 적이 없는 기훈이가 당연히 외고나 자립형 사립고에 들어갈 수 있을 거라는 생각에 담임선생님과 상의하여 기훈이도 모르게 원서를 제출했고, 결국엔 모두 떨어져 일반 고등학교에 진학하였습니다. 어머니의 실망은 다시 아들과의 갈등으로 이어졌고, 꾸중이나 잔소리를 들을까봐 기훈이는 거짓말을 한없이 늘어놓게 되었습니다. 독서실을 가겠다고 하고서는 친구들과 pc방에 가서 노는가 하면 자율학습 시간엔 학원에 간다고 하고선 당구장으로 갔습니다. 친구들 사이에서도 인기를 유지하기 위해 용돈을 마구 써가며 음식값이며, 유흥비를 지출하였습니다. 그 사이 성적은 중위권에서 하위권으로 내려가 어렸을 때부터 변하지 않는 꿈인 의사는 이미 물 건너 간 상태였고, 서울권 내의 대학진학도 어려운 상황이 되었습니다. 하지만 아직도 기훈이는 꿈을 버리지 않고 여전히 공부도 하지 않은 채 친구들과 어울리는데 시간을 보내고 있고, 어머니는 이런 기훈이의 깊은 내면의 갈등을 모른 채 기훈이가 조금만 노력해주면 성적은 금방 오르리라는 기대를 버리지 않고 있습니다.

성취동기가 낮은 청소년 가운데 거짓말 유형은 앞에서 언급된 모든 유형들 중에 부모와 교사들에게 있어서 가장 이해하기 어려운 유형에 해당됩니다. 이러한 유형은 또래 아이들 중에서도 뛰어난 매력을 가지고 있습니다. 이들은 사람들이 자신을 좋아하게 만드는 방법을 알고 있으며 어떻게 하면 침착하고 확신에 차 있는 매력적인 모습으로 보일

지를 잘 알고 있습니다. 부모와 교사는 이러한 유형의 청소년에게 어떠한 문제가 발생했을 때 당사자의 실제 행동에 문제가 있음을 보지 않고 침착하고 매력적인 겉모습에 초점을 두게 되는 실수를 범하게 되는 경우가 많습니다.

거짓말 유형의 청소년은 좋은 성적을 받고 싶어 합니다. 그러나 학업적 성취를 위해 해야 할 일에는 게으르기 짝이 없습니다. 자신이 원하는 것을 타인에게 얻어내기 위해 자신의 매력을 활용하려 들기도 합니다. 부모나 교사가 애를 태우며 마지막까지 기다리게 만들면서 원하는 것을 얻어내기 위해 그들을 조절할 수 있습니다. 거짓말 유형의 청소년은 자신의 실체를 드러내지도 않으며 자신의 능력을 발휘하지도 않습니다. 자신을 타인이 특별한 호의를 베풀 수 있는 혹은 호의를 베풀어야만 하는 매우 특정한 사람으로 믿고 있으며, 자신이 원하면 무엇이든 얻을 수 있다고 자만하며, 스스로 노력하여 얻어낼 의도는 갖고 있지 않습니다.

이러한 유형의 사회적 매력은 그들 내면의 자기중심적 성향을 숨겨줍니다. 그들은 자기만족만이 중요하며 다른 사람의 권리나 욕구, 의무 등은 무시해도 좋다는 사고에 젖어 있습니다. 자신만이 특권을 누릴 권리와 자격이 있다고 생각하는 것입니다. 이러한 방식이 유지되는 동안에는 매력적인 겉모습도 유지될 것이며 남들에게는 자신감도 넘쳐 보일 것입니다. 자신이 원하는 것을 거절당하면 매우 분노할 것이며 가까운 사람들에게 자신이 원하는 것을 얻어내기 위해 무진 애를 쓸 것입니다. 부모가 자신 때문에 마음을 상하는 일이 생기면, 부모가 다시 기분이 좋아질 때까지 기다립니다. 참고 기다리면 부모가 자신에 대한 훈육을 다시 느슨하게 풀 것이며 모든 주변상황은 예전으로 되돌아갈 것임을 잘 알고 있습니다. 자신이 원하는 것을 얻어내는 방법을 되풀이할 수 있는 기회와 시기를 잘 포착하고 있는 것입니다.

이러한 유형은 종종 타인의 감정을 조종하기도 합니다. 타인에게 죄책감이 생기도록 만들어 자신이 원하는 대로 상황을 주도합니다. 그러면서 교사나 부모를 '어른은 바보'라는 자신의 기본적 견해에서 바라봅니다. 부모나 교사와의 약속을 어기는 일이 다반사인데, 이런 유형은 권력이나 권위를 경멸하고 약속이나 의무에 대해 무책임하기 때문입니다. 기본적으로 거짓말 유형의 청소년은 다른 사람에게는 자신과 동등한 권리가 없다고 생각하며 단지 타인은 자기 자신의 욕심을 채우기 위한 매개체로밖에는 보지 않습니다.

거짓말 유형의 청소년도 자신의 행동에 대해 후회하거나 양심의 가책을 받을 때가 있습니다. 그러나 순간적인 감정일 뿐 자신의 미래의 행동을 변화시킬 정도의 성찰과 반성에는 이르지 못해 과거의 행동패턴을 지속적으로 되풀이합니다.

거짓말 유형은 자신의 개인적 욕심을 채우기 위해 사회적 매력과 사교적인 성향으로 꾸민 가면을 활용합니다. 잘 살펴보면 욕심이라는 게 매우 단순한 수준인 경우가 많습니다. 컴퓨터를 밤새도록 하고 싶다거나, 늦은 시간까지 친구들과 놀고 싶다거나, 더 많은 용돈을 받고 싶어 하는 정도에 불과합니다. 그럼에도 교묘하게 위장된 모습을 연출하는 것입니다. 자신의 행동에 대한 책임도 결코 짊어지려 하지 않습니다. 시간이 지날수록 가정이나 학교에서는 더 복잡한 의무, 더 많은 친밀감, 더 많은 책임감 등이 요구됩니다. 장기간의 관계에서 친밀감이나 정직함으로만 대처해야 할 복잡한 형태의 요구가 늘어날수록 거짓말 유형은 주변상황을 조작하고 조종하려 듭니다. 하지만 그렇게 잘못된 수법으로 전부 해결될 리가 없습니다. 자신에게 주어진 의무를 다해 낼 수 없어, 불안감은 쌓여가고 대인관계는 점점 어려워집니다. 결국 자신만만했던 사회적 매력의 가면은 벗겨지고 열등감과 우울, 공허감만이 남게 되는 것입니다.

거짓말 유형의 청소년은 본질적으로 외롭고 정서적으로 고립된 처지입니다. 타인의 감정을 조종할 수 있으나 타인의 감정을 진실하게 경험하고 공감하지는 못합니다. 대인관계가 주는 충만감에 익숙하고 깊은 대인관계를 맺는 사람들에게 매우 강력한 질투심을 느끼기도 합니다. 자신은 타인과의 관계에서 열정과 사랑을 경험하는 것이 너무나 어렵기만 합니다. 사람과 사람 사이의 사랑과 열정의 이면에는 어떤 동기가 숨어 있는 것으로 왜곡하여 해석하는 경향이 있기 때문입니다. 이러한 유형은 대부분 인간관계에서 느낄 수 있는 따스함, 정서적 교류와 깊은 공감대 등을 이해하거나 경험하는데 심각한 장애가 있는 것입니다.

학교에서 거짓말 유형의 청소년은 정해진 시간을 지키지 못할 경우 교사나 급우들과 흥정을 하고 협상을 하려고 듭니다. 또다시 기회가 주어지더라도 정신을 차리지 못하며 새로운 마감시간 역시 놓칠 확률이 높습니다. 교사나 부모가 이러한 습성을 직면시켜 주면, 자신의 잘못된 행동에 죄책감을 느끼기보다는 교사와 부모에게 잘못이 있음을 주장합니다. 자신의 욕심을 채우기 위해 타인을 조종하는데 능숙함을 믿고, 자신의 책임과 일을 타인에게 미루어 자신의 책임과 일에서 회피하려 드는 것입니다.

① 원인

거짓말 유형의 청소년 심리는 실제 자신이 성취한 것에 비해 과도하게 자신의 가치를 높게 평가하는 과대망상적인 생각이 도사리고 있습니다. 자신의 가치에 대한 과대망상은 자신이 누려야만 하는 특별한 권리에 대한 확신, 타인이 자신에게 보여주어만 하는 특별한 관심에 대한 기대로 이끕니다. 자신의 능력과 성취를 과장하는 경향이 짙을수록, 노력 없는 성공이나 불가능한 힘을 꿈꾸는 공상에 사로잡혀 있고 자신보다 더 성공하고 영향력 있는 사람들을 더욱 심하게 질투합니다. 현실은 이러한 환상을 제어하는데 큰 역할을 하지 못합니다. 현실에서 드러나는 자신의 어떤 잘못에도 누군가를 비난해서 회피할 수 있다는 마음속 준비가 이미 단단히 갖춰져 있기 때문입니다.

이러한 청소년의 부모는 두 가지 형태로 문제를 악화시키는 경우가 많습니다. 첫 번째 형태는 자녀를 과잉보호하는 경향과 자녀의 행동에 대해 지켜야 할 한계를 거의 두지 않는 것으로 나타납니다. 이렇게 되면 자녀는 어떤 잘못도 허용되는 작은 황제가 되며, 다른 사람들 위에 군림할 수 있는 특권을 가진 듯 행동하게 됩니다. 자신이 하고 싶은 대로 하고 그 행동에 대한 결과를 거의 책임지지 않습니다. 부모의 양육 방식 또한 일관되지 않습니다. 부모의 요구나 가치에 자녀를 맞추는 것이 아니라 자녀의 바람과 요구에 부모 자신을 맞추어 줍니다. 그것이 부모가 베풀어야 하는 따뜻한 애정과 배려라고 착각하는 것입니다. 이러한 양육 방식에서 자녀는 타인에게 무엇이든 요구하고 착취할 수 있다고 왜곡된 생각을 키우며 성장하게 됩니다. 결국 청소년이 되어서도 합리적이고 평등한 관계를 학습하는데 실패하고 마는 것입니다.

두 번째 형태는 이러한 유형이 타인을 조종함으로써 자신의 숙제나 일로부터 벗어나려는 현상으로 나타납니다. 스스로도 자신의 일이 어떤 것인지 어떻게 해야 해낼 수 있는지 잘 알고 있으면서도 남에게 떠넘기려는 무책임한 모습을 보이는 것입니다. 부모가 시킨 일도 하는 척만 하면서 누군가 대신해줄 사람을 찾는 경우가 많습니다.

성취동기가 낮은 청소년 대부분은 학교생활에서 자신 스스로 실패를 만들어 냅니다. 반면에 거짓말 유형의 청소년은 자신에게 주어진 의무나 책임에 대해 빈정거리거나 무시함으로써 실패하는 경우가 많습니다. 충분히 해낼 수 있는 일도 그냥 내버려두곤 하는데, 일처리 과정이 너무 지루하다고 느껴지거나 일 자체가 자신의 실제 능력에 비해 보잘것없다는 자만 때문입니다.

거짓말 유형의 청소년은 자신은 특별한 존재이므로 치료도 특별하게 받아야 한다고 믿습니다. 누구나 똑같이 줄을 서서 기다리는 당연한 규칙도 무시하며 자신을 위해서 준비된 차에 바로 올라타기 바랍니다. 게다가 상응하는 노력도 없이 지속적으로 타인의 관심을 필요로 하고 존경받기 원하며 모두가 우러러 볼 사회적인 위치에 오르기를 원합니다.

이러한 유형은 실제의 성공을 위해 노력하지 않고 자신만의 환상 속 성공에 기대어 삽니다. 어떤 일이든 쉽게 성취되지 않으면 금방 실망하거나 좌절하고, 어떤 일에 성취를 이루었다고 하더라도 자신의 과대망상과 환상을 충족시켜줄 수 없어 그 또한 기쁘게 받아들이지 못합니다.

모순되게도 이러한 유형의 자기존중감은 놀랄 정도로 취약합니다. 때때로 그들은 이유 없이 당황하고 불안정해지거나 우울해지면서 세상의 꼭대기에 있다가 세상의 제일 깊은 나락으로 추락하는 심정이 됩니다. 그럼에도 다른 사람들로부터 찬사를 받고 싶어 하고, 쉽게 다른 사람에게서 관심을 이끌어낼 수 있는 매력적인 외모 가꾸기를 멈추지 않습니다. 사회적 관계 형성은 초기에는 외형 위주로 시작될 수 있지만, 시간이 갈수록 정서적 교류가 중심이 되고 쌍방 간에 자기개방의 강도를 더해 가는 것이 순리입니다. 아무리 외형적 측면을 발전시켜도 사회적 관계가 오래 지속되면 본모습이 드러나기 마련입니다. 장기간의 친밀성이 요구되는 상황에서도 외형만으로 존경과 우정을 가장하려 드는 일은 불가능한 것입니다. 주변 사람들은 서서히 거짓말 유형의 본질을 깨닫게 됩니다. 이런 상황이 전개되면 타인과의 진정한 감정적 유대 경험이 크게 부족한 거짓말 유형의 청소년은 돌발적인 행동을 보이는 경우가 많습니다. 특히 타인과의 감정적 교류에서 배려심을 찾기 어렵고, 첨예한 감정적 대립에서는 잔인성을 드러내기도 합니다.

거짓말 유형의 청소년이 자신의 목표나 욕심을 채우기 위해 타인을 이용하거나 착취하는 인과관계는 그들에게서 일반적이며 흔하게 관찰되는 형태의 대인관계 방식입니다. 사랑하는 사람과의 로맨틱한 상호관계에서도 파트너에 대한 배려를 거의 찾아볼 수 없으며, 자신의 자존심을 유지하는 데에 도움이 될 만한 대상을 계속적으로 찾습니다. 마치 체스 게임을 하는 것처럼 상호관계를 통제하려는데 주력할 뿐입니다. 이러한 형태의 남자들은 단지 여자가 자신에게 호의를 베풀려고 하는 순간까지만 관심을 갖습니다. 자신보다 여자가 더 많은 헌신을 하게 되는 순간 상대방을 무시해 버립니다. 자기 마음대로 여자를 다룰 수 있다고 생각되는 순간 여자를 버리는 바람둥이와도 같은 심리적 경향을 나타내는 것입니다.

② 변화목표

거짓말 유형의 청소년은 일반적으로 자신의 문제를 고칠 수 있는 효과적인 도움에도 저항하는 태도를 보입니다. 이러한 유형은 환상과 현실 사이의 간극을 직면해야만 변화될 수 있습니다. 이들은 도와주려는 시도자체를 가장된 무관심으로 외면하려 들고 자신의 두려움과 나약함을 감추는데 급급합니다. 외부의 도움에 거의 영향을 받지 않는 경우도 많습니다. 이러한 이유로 거짓말 유형의 청소년을 변화시키기 위해서는 오랜 시간이 걸리고 많은 인내가 따릅니다. 애정과 그에 따른 참을성이 충분한 부모와 교사만이 이러한 자녀를 변화시킬 수 있습니다. 상태가 심각한 경우에는 대체로 부모와 교사가 먼저 포기해 버립니다. 지속적인 노력이나 심리치료에서도 실질적인 변화가 거의 나타나지 않으니 지쳐버리고 마는 것입니다. 전문가들도 참으로 다루기 힘든 유형이라 할 수 있습니다.

지속적인 외적 규칙 설정은 성공적인 변화를 이끄는 핵심적인 요소 중 하나입니다. 가능한 규칙의 설정과 통제는 부모와 학교 사이에서 이루어져야 합니다. 상태가 심각하지 않은 거짓말 유형의 청소년은 불안정해지고 부모나 교사의 방식이 지루하거나 고루하다는 불평을 하는 정도일 것입니다. 더 심한 상태에서는 치료 자체에 협조를 거부할 것이고 과거에 보였던 거짓말 유형의 행동 패턴으로 돌아가려고만 들 것입니다. 이들은 자신의 반응과 대처방식이 더 이상 효과적이지 못하다고 깨달을 때 어느 정도 수준의 우울증과 불안을 보일 것이며, 너무 연약해서 쉽게 깨져버릴 것 같은 자기 존중감에 직면하게 됩니다.

4장
성취동기가 낮은 아동, 청소년에게 도움이 되지 않는 방법

1) 논리적인 설득
2) 당근과 채찍
3) 개인과외를 비롯한 다른 교육적 방법들
4) 고통스러운 결과를 경험하게 놓아두는 것

4장 · 성취동기가 낮은 아동, 청소년에게 도움이 되지 않는 방법

지금부터는 다소 다른 시각에서 앞에서 언급된 성취동기가 낮은 청소년을 돕는 방법을 고민해 보고자 합니다. 이 장에서 언급할 내용은 어떻게 도울지에 대한 부분과, 많은 부모나 교사들이 이러한 유형을 다루는데 저지르기 쉬운 잘못된 방식에 관련된 부분입니다.

부모와 자녀들을 상담현장에서 직접 접하면서 알게 된 사실 중 하나는 그들이 당면해 있는 문제를 바라보는 새로운 시각이 없다는 것입니다. 빨리 전보다 나아지고, 빨리 좋은 결과를 낳고 싶어 하는 성급한 마음만 앞서, 예전에 행했던 방식을 답습하여 문제를 해결하려고 듭니다. 문제를 해결하기 위해서는 과거부터 현재까지 지속적으로 나타나는 현상이라 할지라도 새로운 시각으로 관찰하는 게 절대적으로 필요합니다. 새로운 잔을 채우기 위해서는 현재 넘쳐흐르는 잔을 비워야 하는 것과 마찬가지입니다. 부모님들께 당부하고 싶은 것은 지금까지 행하여 온 것처럼 부정적인 상황과 문제에 치우쳐 머물러 있기보다는 잊고 있었던 자녀의 잠재된 능력과 긍정적인 부분을 다시 한 번 생각해 주었으면 하는 것입니다. 이런 접근을 전문적으론 Bright spot 이라고 말하기도 합니다. 즉 모든 아동, 청소년 더 나아가 성인들은 자신의 생활이나 삶에서 분명 자신의 가장 잘 기능했던 때가 반드시 한 번 이상은 있었다는 것입니다. 그렇기 때문에 우리는 모두 긍정적이며 효과적으로 기능할 수 있는 잠재력을 가지고 있다고 봐야 합니다. 역시 자녀의 문제에 대해서도 부정적으로만 생각하기보다는 합리적으로 해결책을 찾아나가기 위한 준비를 시작했으면 합니다. 지금부터는 자녀 교육에 흔하게 언급되곤 하지만 도움이 되기보다는 오히려 역효과를 불러일으키는 잘못된 방법 몇 가지에 대해 이야기하고자 합니다.

1) 논리적인 설득

성취동기가 낮은 청소년에게 논리적인 태도나 설득은 통하지 않습니다. 부모가 흔히 하는 조언처럼 공부를 잘하는 것 또는 좋은 성적을 받는 것, 좋은 대학에 가는 것이 미래를 위해 얼마나 중요한 것인지 설명하는 것은 학습 동기를 높이는 데에 그다지 효과적이지 못한 방법입니다. 당신의 자녀들은 매일 매일의 경험 속에서 좌절과 낙담을 겪었을 것입니다. 하루하루의 생활에서 무언가 미루는 것을 반복하고 실패하는 악순환을 충분히 경험하였기 때문에 이러한 설득은 이미 다른 세상 이야기처럼 느껴지기 쉽습니다.

논리적 조언이나 설득만으로는 자녀에게 성취에 대한 동기를 형성시켜주지 못하며 오히려 반복되는 실패로 인해 자신에 대해 더욱 실망하고 좌절하게 만들 우려가 큽니다. 그래서 부모가 말하는 열심히 노력하는 결과가 주는 기쁨이나, 성공이 주는 긍정적인 측면에 대한 강조는 성과가 거의 없다고 할 수 있습니다. 다시 말해, 자녀에게 논리적으로 설득하는 것은 효과가 별로 없는 것입니다. 해당 청소년의 입장을 충분히 이해하는 전문가의 객관적인 이야기와는 달리 부모의 말은 잔소리처럼 받아들이는 경우가 많습니다.

부모의 반복되는 이야기를 계속해서 듣다보면 자녀는 다음에 무슨 말이 나올지 머릿속 녹음기에 저장된 것을 돌려보기만 해도 빤히 알 수 있습니다. 한번 시험 삼아서 당신의 자녀에게 자주 말하는 훈계를 시작해 보십시오. 몇 분 뒤면 몸을 비비꼬고 눈이 풀려 당신의 말에 집중하지 못하는 자녀의 얼굴을 보게 될 것입니다. 물론 부모님들은 속으로 혹은 대놓고 아이에게 화를 내거나 비난을 퍼붓고 싶어질 것입니다.

상담실에서 자녀의 행동에 대해 서로 대화를 나눌 때 제 3자로서 자녀와 부모의 대화를 듣는다면 지금 말하는 것이 단박에 이해가 될 것입니다. 자녀의 문제에 대해 도덕적인 훈계를 시작하자마자 자녀는 고개를 숙이거나 딴 짓을 합니다. 마치 천만 번은 더 들었다는 듯이 말입니다. 또 함께 듣던 상담사가 부모의 이런 훈계가 지나치다고 생각되어 자녀의 이야기를 들어주는 태도를 보이면 부모의 훈계는 존댓말로 바뀐 채 상담사에게 쏟아집니다. 그 훈계가 끝날 때까지 상담사조차도 훈계를 들어야 하는 자녀의 심정이 되곤 합니다. 그렇다 보니 이러한 부모의 자녀들도 마치 앵무새가 이야기하듯 자신이 좋아지기 위해 무엇을 해야 하는지 달달달 외워 말하는 수준까지 이르러 있습니다. 어떻게 학교에서 행동해야 할지, 어떻게 공부방이나 도서관에서 행동하고 생각해야 할지 등을 이미 너무나 잘 알고 있는 것입니다. 그래서 어떤 면에서는 부모가 공부에 대해 자녀에게 강조하는 만큼 자녀도 공부가 얼마나 중요한지, 공부를 왜 잘해야 하는지를 머릿속으로는 잘 알고 있습니다. 단, 이렇게 잘 알고 있는 것을 행동을 통해 실천하지 못하는 것이 문제로 남는 것입니다.

2) 당근과 채찍

'당근과 채찍', 즉 보상과 처벌의 방법을 쓰는 것은 자녀가 올바른 방향으로 성장하길 바라는 마음에서 부모가 힘을 사용하는 것을 의미합니다. 하지만 좋은 행동에 대한 보상과 나쁜 행동에 대한 처벌이 매우 신중하지 않으면 성취동기를 북돋아주려는 의도가 오히려 성취동기를 빼앗는 결과를 낳을 수 있습니다. 자녀의 문제를 더욱 악화시키고 부모에게 반항적인 태도를 더욱 자극시킬 수 있습니다. 문제를 해결하기 위한 노력이 오히려 부모와 자녀간의 사이를 더욱 악화시키는 역효과로 작용할 우려도 있는 것입니다.

부모들이 사용하는 대표적인 방법을 하나 예로 들어보겠습니다. 흔하게 볼 수 있는 것으로 부모가 자녀의 행동을 변화시키기 위해 자녀가 어떤 일을 수행했을 때 금전적인 보상을 주는 방식이 있습니다. 부모는 제시한 기준만큼 자녀의 성적이 올라갈 때마다 약속한 금액의 금전적인 보상을 제공해 주기로 합니다. '몇 등 올라갈 때마다 얼마를 주겠다.' 라는 식으로 약속을 하는 것입니다. 이러한 방법은 초기 몇 번의 시험에서는 효과를 볼 수도 있습니다.

그러나 돈 때문에 형성된 동기는 오래 지속되지 못하며 어떤 계기로 인해 돈이 필요하지 않게 되면 공부를 열심히 해야 할 이유 자체가 사라져 버리게 됩니다. 근본적인 원인은 하고 싶은 마음이 내적인 선택이 아니라 외부에서 거의 의도적으로 조성되었기 때문입니다. 물론 이렇게 시작한 공부가 어느 순간 돈이 아닌 스스로 재미를 느껴서 지속될 수도 있고 또 이런 기대로 돈을 이용하는 부모가 있습니다. 하지만 이런 경우는 백이면 백 모두 실패합니다. 오히려 자녀의 성적을 높이기 위한 수단이 자녀가 학습동기를 잃어버리도록 만드는 아이러니한 상황에 처하도록 합니다.

과도한 보상이나 처벌이 역효과를 일으키는 상황을 다른 경우에서도 많이 볼 수 있습니다. 당근과 채찍의 방법은 그 효과가 지속적으로 유지되지 못하며 특히 좌절을 많이 경험한 자녀들에게는 자신감을 떨어뜨리게 하는 나쁜 효과를 미칠 수 있음이 증명되는 것입니다.

이와 같은 양육방식의 또 다른 문제점은 자신이 하는 공부의 목적이 돈, 사고 싶은 물건, 혹은 매를 피하기 위한 것이 되어 버린다는 것입니다. 그래서 노력 후에 얻어지는 성취감이나 만족감 같은 건강하고 긍정적인 경험을 차단할 가능성이 높으며, 그러한 물질적인 보상이 주어지지 않는 일에 대한 동기는 더욱 빈약해지는 결과를 야기하게 될 것입니다. 이는 모두 동기에 대한 심리적인 특성을 잘 이해하지 못해서 발생하는 것이라 할 수 있습니다. 그러나 불행히도 성취동기가 낮은 아동, 청소년들의 가정 대부분에서 이러한 양육방식을 많이 사용하고 있습니다.

자녀의 성취동기를 형성시켜주기 위해 부모들이 해야 할 가장 기본적인 것은 어떤 문제나 어려움 때문에 학업에 대한 성취동기가 떨어졌는지를 잘 살피고 충분히 이해하는 것입니다. 보상과 처벌의 방법은 이러한 이해를 생략한 단지 대용품에 지나지 않기 때문에 자녀에게 심리, 정서적으로 실망감을 주고 분노를 겪게 합니다. 즉, 그들의 부모가 자신을 소중히 여기지 않으며 자신을 단순히 몇 점의 점수를 올리기 위한 도구로 길들이고 있다는 생각과 느낌을 가지게 된다는 것입니다. 이러한 자녀는 부모가 자신을 무시한다고 생각하고 이러한 부모의 태도가 얼마나 어리석은 행동인지를 보여주기 위해 은연중에 복수의 마음을 갖기도 합니다.

3) 과외를 비롯한 다른 교육적 방법들

거의 대부분의 부모는 과외나 학원 혹은 다른 교육 프로그램을 이용하여 학생의 성적을 올리고자 합니다. 그 중에서도 개인과외는 가장 손쉽게 그리고 매우 일반적으로 사용하는 방법입니다. 이런 방법을 사용하는 부모들의 심리는 매우 간단하고 명료합니다.

낮은 성적을 받는 것은 공부 방법과 기술이 부족하기 때문이고 자녀들에게 이런 기술을 적절하게 가르쳐줌으로써 낮은 성적에서 탈출할 수 있다는 생각입니다. 일단 공부 방법을 터득하고 나면 성적이 올라갈 것이라고 확신하는 것입니다. 하지만 전문가들이 분명히 말하고 있는 것은 공부에 대한 성취동기가 충분히 형성된 자녀들에게만 과외나 학원에서의 공부, 혹은 공부 기술의 습득이 효과적인 성적 향상 방법이 될 수 있다는 점입니다. 성취동기가 낮은 청소년에게는 아무리 훌륭한 학원, 과외선생님을 통해 공부를 시킨다고 하여도 이러한 방법을 통해 높은 성적을 올리는 것은 어렵기 짝이 없는 일입니다.

과외가 성취동기가 낮은 자녀에게 효과를 주지 않는 데는 몇 가지 이유가 있습니다. 그 중 하나가 대부분의 자녀는 이미 학원이나 과외를 경험해 보았다는 것입니다. 자신이 과외에서 배운 지식을 학교시험에서 충분히 활용하지 못하는 것도 많이 경험했기 때문에 스스로도 큰 기대를 하지 않기 때문입니다. 과외가 효과를 얻지 못하는 이유 중의 다른 하나는 학원이나 과외가 소그룹이나 일대일 상황에서 이루어진다는 특성에 있습니다. 아이러니하게도 성취동기가 낮은 자녀들은 대체로 의존적인 성향이 강하기 때문에 과외를 받는 상황에서는 공부나 시험을 잘 수행하지만 과외교사가 돌보지 않은 상황이 되면 성적이 다시 떨어지게 됩니다.

성취동기가 낮은 대다수의 청소년은 평균적으로 의존성이 높은데, 과외는 사실 대부분의 경우 이러한 의존적인 성향에 대한 문제를 전혀 고려하지 않고 진행되기 마련입니다. 과외는 매우 직접적이고 개인적이기 때문에 지도를 받는 동안 효과를 볼 수도 있지만 잘못하면 성취동기가 낮은 자녀들의 의존성을 더욱 증가시키는 역효과를 만들어 낼 수 있습니다. 이러한 이유로 인해서 자녀가 일단 과외를 하기 시작하면 과외 없이는 늘 불안한 마음을 가질 수밖에 없는 것입니다.

4) 고통스러운 결과를 경험하게 놓아두는 것

논리적인 설득이나 설교, 보상과 처벌, 칭찬, 감시 등등의 모든 방법을 동원해도 효과가 없을 경우 부모들이 선택하는 방법 중의 하나가 그냥 놓아두고 고통스러운 결과를 경험하게 하는 것입니다. 즉, 자신의 행동에 대한 결과를 경험하고 그것을 통해 무엇인가 배우도록 하는 것입니다. 이러한 방식에 대해 부모들이 오해하고 있는 것은 성취동기가 낮은 자녀들이 자신의 실수를 통해 배울 수 있고 또 그를 통해 행동이 바뀔 수 있다고 생각하는 것입니다. 하지만 이러한 일은 결코 일어나지 않습니다.

성취동기가 낮은 청소년은 실패 경험을 하고 나서 그를 통해 다음에 어떻게 하면 다시 성공할 수 있을지에 대해 배우지 못합니다. 또한 실수를 통해서 다음에는 어떻게 하면 실수를 피할 수 있을지도 배우지 못합니다. 그들은 한없이 계속 실수를 되풀이하며 좌절할 뿐입니다. 성취동기가 낮은 청소년은 자신에게 필요한 행동을 하기보다는 핑계를 선호하기 때문에 경험을 통해서 배우는 것이 없습니다. 이들에게 핑계는 어떠한 판단이나 동기가 실패로 이끄는지를 알지 못하게 가로막는 장애물과 다름없습니다. 자신의 행동에 대한 이해가 없기 때문에 행동의 변화가 따를 수 없습니다. 게다가 이들은 자신에게 책임이 없다고 생각하기 때문에 자신이 겪는 고통스러운 결과에도 배우는 것이 거의 없습니다.

사람은 나무처럼 공기, 물, 흙, 빛만 있으면 성장할 수 있는 것이 아닙니다. 자녀가 성인이 되어가는 과정에서 갖춰야 할 인격의 성숙은 그에 따른 책임감이 필히 요구되는 어렵고 복잡한 과정입니다. 행동에 책임지는 것이 무엇인지에 대한 자각이 없다면 성취를 위한 선택도 하지 않을 것이며, 태도나 행동을 바꾸려 하지 않을 것이고 결과적으로 학업에서의 성공뿐만이 아니라 인격적 성숙도 어려울 것입니다.

5장
부모가 알아야 할 다섯 가지 원칙

원칙 1 : 부모도 함께할 것
원칙 2 : 일관된 가치관을 세울 것
원칙 3 : 변명하지 말 것
원칙 4 : 환경을 바꾸기보다 자녀를 바꿀 것
원칙 5 : '거친 인생길'에 대해 깨닫게 할 것

5장 · 부모가 알아야 할 다섯 가지 원칙

　대다수의 부모들은 자녀의 성취동기를 높여 주고 행동을 바꾸도록 도움을 주는 것이 쉽지 않다는 것을 경험해 보았을 것입니다. 만일 이러한 일들이 쉬웠다면 자녀의 낮은 성적이나 무기력한 태도 때문에 부모들이 큰 걱정을 했을 리가 없을 것입니다. 개별적이며 구체적인 사항들에 대해 상세히 설명할 수는 없지만 자녀들의 문제를 다루는 기본적인 원칙들을 파악하고 있다면 부모가 바라는 것을 좀 더 쉽게 달성할 수 있을 것입니다. 또한 부모가 이러한 기본적인 원칙을 잘 지킨다면 자녀의 낮은 성취동기를 높이는데 있어서 전문치료자의 몫이 훨씬 줄어들 것입니다.

다음에 나오는 원칙들은 말 그대로 원칙이기 때문에 꼭 지켜야 한다는 것은 아닙니다. 또한 모든 경우에 적용되는 것도 아니기 때문에 구체적이지 않을 수도 있습니다. 그렇기 때문에 어쩌면 이 글을 읽고 있는 부모님들 중에는 이거 뻔한 것 아닌가 하고 말할 분도 계실 것입니다. 하지만 전문가로서 말씀드리면 만일 동기의 문제가 쉽게 풀린다면 그게 더 이상하다는 것입니다. 오랜 시간을 거쳐서야 발생되는 문제는 쉽고 빠르게 해결되지 않는 것이 당연할 것입니다. 특히 이러한 말이 큰 무리 없이 적용되는 부분이 바로 동기에 대한 부분이 아닌가 생각됩니다. 이런 면에서 다음의 원칙들은 동기 형성이나 동기 문제를 해결하는 부분에서 뿐만이 아닌 자녀 교육 전반에 걸쳐서 부모로서 해야 할 행동과도 밀접하게 연결되어 있다 하겠습니다.

원칙 1 : 부모도 함께할 것

자녀의 미래를 긍정적으로 변화시키고 학업에서 높은 성취를 얻게 만들고 싶다면 부모 또한 상담에 충실히 임하려는 성숙된 자세를 가져야 합니다. 자녀와 함께 상담실을 찾는 자체가 부모로서의 한계나 잘못을 인정하는 것으로 여겨서는 안 됩니다. 상담실이나 클리닉을 찾는 부모 대다수가 자녀에 대한 의무와 권리는 인정하면서도 그에 따른 책임은 잘 모르는 경우가 많습니다. 자녀를 개선하기 위해서는 부모가 할일도 아주 많습니다. 자녀를 보살피는 행동의 영역뿐 아니라 감정적이고 정서적인 영역까지 다양한 노력이 필요합니다. 성취동기가 낮은 청소년 대부분의 가정환경은 부모들끼리도 양육 태도가 극과 극으로 나뉘어서 서로가 일치된 방식을 정하지 못하는 경우가 많습니다. 즉, 아버지와 어머니의 사고방식과 양육 방식이 서로 달라서 자녀가 혼란스러워 하는 상황이 흔하게 벌어지고 있다는 것입니다. 같은 상황에서도 아버지는 허용하는 반면 어머니는 반대하는 모순된 양육 태도를 보이면 성취가 낮은 자녀는 자신의 행동을 합리화하고 변명하기 위해 이러한 모순을 이용하기도 합니다.

 자녀를 긍정적인 방향으로 이끌기 위해 부모들이 지켜야 할 몇 가지 사항이 있습니다. **첫째, 부부 사이에는 가능한 자녀에 대해서 비밀을 가지지 말아야 합니다.** 부모 중 누군가가 자녀에 대한 어떤 사실에 대해 비밀을 가지게 되면 효과적으로 자녀를 양육하는데 장애가 될 수 있습니다. 이는 특정한 사실에 대한 정보뿐만이 아니라 감정과 같은 정서적인 부분에 있어서도 해당됩니다. 부모 중 한 쪽이 자녀에 대해 다른 한 쪽에 비해 더 많은 사실을 알고 있고 그래서 다른 쪽 부모보다 우월한 위치에 있게 된다면 다른 쪽 부모는 양육에 있어서 죄책감을 느끼게 될 것입니다. 더불어 양육에서의 자신감 저하, 배우자와 자녀에 대한 분노감을 경험할 것이고 자녀에게 지나치게 권위적이고 과장된 책임감을 나타낼 수도 있습니다. 이러한 태도는 양육에 매우 좋지 않은 영향을 미칠 위험이 있습니다. 어느 한 쪽만 자녀와 관련된 비밀을 간직할 수밖에 없다면 부부사이에 무엇인가 문제가 존재하고 있을 가능성을 시사하는 것일 수도 있습니다.

 이러한 상태가 지속된다면 부모들은 자녀를 사이에 두고 정서적으로 서로 멀어질 가능성이 있으며 가족관계에서 역기능적인 상황이 지속적으로 만들어질 것입니다. 또한 비밀을 알고 있는 한 쪽 부모의 허용적인 태도는 자녀에게 자신의 문제 행동을 지속해도 된다는 암묵적인 동의로 받아들이게 합니다. 자녀는 자신의 잘못된 행동에 대해 어머니가 아버지에게 알리지 않는 것을 보면서 자신의 나쁜 행동이 아버지에게 알릴 정도로 문제가 되는 행동이 아니라는 생각을 가지게 됩니다. 자신이 한 나쁜 행동이 문제가 되는 것이라면 분명히 어머니는 아버지에게 사실을 알렸을 것이고 아버지는 자신의 행동이 더 이상 재발하지 않도록 어떤 식으로 제재를 가했을 것이라는 생각으로 자기합리화해 버립니다. 이처럼 부부 사이에 자녀에 대한 비밀을 가진다는 것은 여러 가지 측면에서 부정적인 기능을 하게 됩니다. 요약하자면, 부부 사이에 자녀에 대한 비밀을 만들지 말아야 하며 아이에 대한 세세한 정보까지 부부가 서로 공유하는 것이 필수적이라는 것입니다. '백지장도 맞들면 낫다' 는 속담이 딱 맞아떨어지는 경우인 것입니다.

둘째, 부모들은 자녀에 대해 공동의 결정권을 가져야 합니다. 성취 동기가 낮은 자녀를 둔 부모는 자녀의 많은 부분에 대해 서로 구체적이며 깊이 있는 부분까지 대화하고 공유해야 합니다. 이러한 과정을 통해 부모들은 자녀의 공부 시간, 학교에서의 태도, 집에서의 여가 활용 등에 어떤 방식이 자녀에게 유익할지 공통된 의견과 결정을 내려야 합니다. 더불어 자녀에게 어떤 처벌을 할 것인지, 어떤 보상을 줄 것인지를 서로 협의하여 결정해야 합니다. 이러한 대화와 협의는 부모가 자녀를 일관되게 대할 수 있도록 하는 결정적 요소입니다. 만일 한 쪽의 결정권에만 의해 자녀 양육이 진행된다면 다른 한 쪽은 소외감과 분노감을 경험하게 될 것이고 악순환은 되풀이될 것입니다.

셋째, 부부는 자녀의 문제를 해결하기 위해 한 목소리를 내야 합니다. 부모는 그들의 결정과 양육에 있어서 공동으로 일을 처리하는 모습을 보여 주어야 합니다. 부부는 자녀와 의견을 나눌 때 서로를 비난해서는 안 되며 자녀의 문제로 인해 자녀 앞에서 다투고 논쟁하는 모습을 보여 주어서도 안 됩니다. 아들의 잘못된 행동을 훈계하는 남편의 방식이 문제가 있다고 생각한 아내가 중간에 끼어들어 남편과 논쟁을 벌이는 동안 자녀는 자신의 문제에서 부부간의 싸움으로 주제가 옮

겨가는 것을 보고 자신의 문제가 별것 아니라고 생각할 수도 있습니다. 이러한 현상이 부부사이에서 자주 일어난다면 성취동기가 낮은 자녀는 부모의 불일치한 모습을 이용하기 위해 둘 사이를 조종하는 방법을 배울 것입니다. 상대방의 양육 태도에 문제가 있다고 생각된다면 부부는 자녀가 없는 공간에서 논의해야 합니다. 자녀들 앞에서는 언제라도 부모가 공통되면서도 일관된 태도를 보여 주어야 합니다. 부모가 자주 다투고 논쟁하는 모습은 자녀에게 분노나 두려움, 실망 등의 부정적인 정서를 야기할 수 있습니다.

원칙 2 : 일관된 가치관을 세울 것

자녀는 부모로부터 인생의 가치를 배웁니다. 심리학적 발달 부분의 이론들은 공통적으로 아이의 인생에서 중요한 생애 초기의 시기를 언급하고 있습니다. 자녀는 부모의 가치관을 마치 스펀지가 물을 흡수하는 것처럼 받아들입니다. 부모의 가치관 그대로를 흡수하는 것이 아니라 자신의 여러 가지 기질과 특성들에 혼합하여 받아들입니다. 이때 건강하고 가치 있는 양심의 형성은 매우 중요한 요소입니다.

부모는 반드시 자녀 양육에 대한 자신의 행동과 가치관을 정립해야 합니다. 대부분의 부모는 원칙에 의해서 자녀를 양육하기보다는 자신의 성격과 기분, 자신의 두려움과 불안 정도에 좌우되는 양육태도를 자신도 의식하지 못하는 와중에 내보입니다. 때로 이러한 부주의하고 본능적인 양육방식으로 인해 부정적 측면의 자극들을 받게 됩니다. 반복적인 분노나 무책임으로 인한 실패, 변명 등은 부모 자신의 실패를 넘어서 자녀의 실패로 반영되며 자녀의 문제를 개선하는데 아무런 도움이 되지 못합니다. 자녀에게 밝고 긍정적인 가치관을 심어주기 위해서는 부모 자신부터 밝고 긍정적인 사람이 되기 위해 노력해야 할 것입니다.

원칙 3 : 변명하지 말 것

부모가 자녀의 문제를 대하는 모순 중의 하나가 겉으로는 자녀의 문제를 인식하는 듯 보이지만 진심으로 자녀의 문제를 인정하지는 못한다는 것입니다. 자녀의 문제에 대해 핑계를 댈 때가 많습니다. 성취동기가 낮은 자녀는 이러한 부모의 태도를 보고 배워 자신의 잘못된 행동을 변명하는 데 이용합니다. 자녀가 변명이 늘수록 자신이 가지고 있는 여러 문제의 원인이 자신에게 있다는 사실을 인식하기 어렵게 됩니다. 변명과 핑계를 대면 댈수록 자신의 문제가 더 심각해진다는 점도 인식하지 못합니다.

그러나 안타깝게도 부모와 자녀 모두 변명이나 핑계로 자신의 문제를 은폐하려는 사실 자체를 인식하지 못하는 경우가 많습니다. 변명이나 핑계의 대표적인 예를 들면, '우리 애는 게을러서······.', '우리 애는 학습 장애가 있어서······.', '우리 애는 자기가 좋아하지 않는 일은 하기 싫어해서······.' 등과 같은 것들이 있습니다. 이렇듯 부모의 핑계 아닌 핑계를 자녀는 자신의 게으름과 무능함에 대해 스스로 변명하는 구실로 삼거나 '나는 원래 그렇다.' 식의 합리화를 시키는 데에 이용합니다. 그래서 부모를 먼저 만난 다음 자녀를 만났을 때 비슷한 변명이나 핑계를 앵무새처럼 반복하는 것을 흔히 접할 수 있습니다.

부모가 솔직하고 정직하게 말하는 것처럼 들릴 수 있는 '우리 애는 게을러서······.' 라는 말은 문제를 더 악화시키는 표현입니다. 또한 '우리 아이는 다른 아이들처럼 평범해서······.' 또는 '대부분의 자녀들이 이런 문제는 틀리는데······.' 등의 이야기는 진실 여부를 떠나서 자녀에게 자신의 낮은 성취를 변명할 수 있도록 기회를 주는 것과 마찬가지입니다. 진정으로 자녀에게 도움이 되기 위해서는 자신의 자녀에 대해 정확하게 이해하고 더불어 부모 스스로 자녀의 문제점에 대한 변명이나 핑계를 대지 않도록 해야 합니다. 부모가 자녀를 감싸기 위해 끊임없이 변명하고 핑계를 댄다면 자녀가 부모와 비슷하게 이야기하며 변명하는 것을 결코 막을 수 없습니다. 자신의 문제 행동을 돌아보고 진술하게 반성할 수도 없습니다. 변명과 핑계는 단지 자신의 문제를 해결하기 위한 노력을 피하고 싶은 또 다른 나쁜 습관에 불과합니다. 변명과 핑계의 제일 큰 부작용은 변명과 핑계를 대는 순간 그렇게 스스로가 믿어버린다는 것입니다. 문제에 대해 변명하고 핑계를 대기보다는 자신의 문제를 솔직하게 바라보는 습관을 들이는 것은 단순히 몇 점의 점수를 올리는 것만이 아닌 좀 더 나은 인생을 살아갈 수 있는 건강한 인격을 만들어 주기 위해서도 반드시 필요한 것입니다.

원칙 4 : 환경을 바꾸기보다 자녀를 바꿀 것

성취동기가 낮은 청소년 대부분은 능력에 비해 과소평가되는 경향이 있습니다. 많은 부모들은 이러한 자녀의 문제를 해결하기 위해 전학을 보내거나 친구관계를 변화시키거나 스파르타식 학원에 보내거나 개인과외를 받게 하는 등의 방식을 통해 문제를 해결하고자 합니다. 치료 경험상, 학습문제뿐만이 아닌 행동상의 문제가 있는 경우에도 전학은 때에 따라서 긍정적인 영향을 미칠 수 있다고 봅니다. 특히 자녀가 신체적인 위협을 당할 가능성이 있거나 심한 괴롭힘, 왕따를 당하는 환경이라면 근본적으로 변화시켜주는 것이 필요합니다. 학습문제 이외에도 학교폭력에 가담하거나 술, 담배를 하는 등의 비행 행동을 보이기 시작할 경우 학교를 바꿔줌으로써 문제의 원인을 차단하는 방식이 효과적이라고 추천할 만합니다.

그러나 성취동기가 낮은 청소년의 경우 환경이 바뀐다 하더라도 문제 상황이 지속되고 반복되는 경우가 많습니다. 자신의 문제를 근본적으로 해결하지 못한 상태에서는 어디에 가든 비슷한 문제 상황이 또 발생하곤 합니다. 왕따를 당하던 학생이 다른 학교에 가서도 비슷한 행동을 함으로써 왕따를 당하고, 폭력에 가담했던 학생이 다른 학교에 가서도 폭력에 가담하는 것을 어렵지 않게 볼 수 있습니다. 돈 많은 부모가 자녀의 문제 환경을 바꾸기 위해 유학을 보내는 경우에도 흔히 나타나는 현상입니다. 어떤 사례에서는 오히려 더 심한 행동을 저질러서 쫓겨 오듯 귀국하기도 합니다.

문제 행동을 보이는 자녀의 주변 환경을 변화시켜줌으로써 새로운 의지를 다지고 변화할 수 있다는 것은 일종의 심리적인 속임수에 가깝습니다. 성취동기가 낮은 청소년은 환경이나 계절의 변화로 인해 문제가 쉽게 해결되지 않는 '자기-파괴적'인 동기 유형이 발달되어 있기 때문입니다. 근본적인 변화의 시작은 자녀의 마음속에서부터 시작되어야 합니다. 행동이 변하기 위해서는 근본적인 자녀의 생각과 동기가 변해야 합니다. 이러한 변화는 자녀가 자신의 잘못된 결정이 실패와 고통을 가져왔다는 사실을 깨달을 때에만 가능한 것입니다. 자녀가 자신의 선택이 좌절과 실패를 가져왔다는 것을 인식할 경우에만 자신의 인생과 일을 통제해야 한다는 점을 깨우칠 것입니다. 이는 책임감과도 연관됩니다. 결국 내적 동기란 어떤 일에 대해 스스로 실천하고 그 결과 역시 스스로 책임지겠다는 태도의 정도에 따라 높낮이가 정해지는 것입니다.

어떤 부모는 자녀 스스로 실패를 선택하고 있으며 그 사실을 본인도 잘 인식하고 있다고 말하기도 합니다. "우리 아이는 스스로 숙제도 안 하고 공부도 하지 않겠다고 결정을 내렸어요. 스스로 선택한 것이니 안 좋은 결과가 나오더라도 자기가 책임을 지겠지요. 아이 스스로 더 나은 결정을 하기 전까지 우리가 도울 수 있는 것은 아무것도 없는 것 아니겠어요?" 매우 논리적이고 타당한 것처럼 들리지만 매우 무책임한 소리에 불과합니다. 성취동기가 낮은 자녀의 결정도 실패할 게 분명한 선택을 인식하지 못한 결과입니다. 단지 과거를 회상하는 방식으로 자신이 어떤 결정을 했는지를 모호하게 기억하는 정도입니다. 그래서 이들이 일이나 공부를 하지 않겠다고 결정할 때, 머릿속에서는 지금의 결정과 그 결정으로 인한 결과의 연결고리를 분리시켜버립니다. 오늘의 잘못된 행동이 야기할 내일의 고통스러운 결과를 아예 무시해버리는 것입니다. 달리 표현하면 성취동기가 낮은 청소년은 어떤 선택을 할 때, 그 결과에는 전혀 의미를 두지 않는 것입니다. 부모는 절대 이렇듯 무모한 자녀의 결정에 동의해서는 안 되며 얼마나 잘못된 선택인지 따끔하게 지적해서 명확하게 자신의 잘못을 각성하게 만들어야 합니다. 상담실에서는 이러한 유형의 청소년에게 현재 자신의 선택이 필연적으로 불러올 며칠 혹은 몇 달 후의 결과에 대해 일종의 시뮬레이션을 통해 입증해보입니다. 행동과 결과 간의 원인 관계를 계속적으로 인식시키고 결과에 대한 책임이 분명하다는 것을 스스로 터득하게 만드는 것입니다.

반복적으로 잘못된 선택을 하는 문제는 심각한 통찰 없이는 상황을 개선시킬 수 없습니다. 따라서 상담과정의 초점은 성취동기가 낮은 청소년의 실패에 대한 실제적인 경험입니다. 그들은 이미 실패에 익숙해져 있다는 사실을 정확하게 느끼지 못합니다. 모순되게도 성공에 대한 지각도 동일합니다. 자신의 성공과 실패가 자신의 통제 역량을 벗어난 것이라고 인식하고 있는 것입니다. 실패의 이유는 주변 환경이 나빠서 혹은 부모나 교사의 결점 때문이라고 생각하고, 성공의 원인은 운이 좋거나 재미있는 교사를 만났거나 학급분위기가 즐거워서라고 생각합니다. 이런 상태를 심리학에서는 잘못된 원인에 결과를 연결시켰다는 의미에서 '오귀인' 이라고도 말합니다. 성공과 실패는 자신에게 달려 있다는 인식을 가지기 위해서는 내적 통찰이 선행되어야 하며 그에 따른 책임감도 갖춰야 합니다. 그러나 이러한 책임감은 성취동기가 낮은 청소년에게는 피하고 싶은 골칫거리에 지나지 않습니다.

자신의 성공과 실패는 자신이 결정권자라는 사실을 인식시키기 위해 다른 사람이 도와주는 것은 한계가 있는 일입니다. 부모나 교사가 잊지 말아야 할 것은 자녀의 문제를 해결하기 위해 가장 먼저 해야 할 일은 자녀가 자기 자신의 행동에 대한 결정권자이며 그 어떤 결과도 스스로가 선택한 것이라는 점을 분명히 인식시키는 것입니다. 자신감을 높이고 삶을 변화시키기 위해서도 반드시 필요한 것입니다. 자신의 생각과 판단을 바꾸지 않고는 아무런 변화가 없을 것이 확실하기 때문입니다.

원칙 5 : '거친 인생길' 에 대해 깨닫게 할 것

이 글을 읽는 부모들은 인생이란 거친 것이고 노력 없이는 아무것도 보장되는 것이 없다는 사실을 잘 알고 있을 것입니다. 부모로서 책임을 다해야 하듯이 자녀들도 자신의 일에 최선을 다하고 자신의 인생에 책임을 지기를 기대합니다. 누군가의 표현대로 우리의 삶에는 공짜 점심은 없는 것입니다.

성취동기가 낮은 청소년은 자신의 잘못된 행동을 수정하고 긍정적인 변화를 가져오기 위해 많은 정서적 고통을 느끼는 것을 감수하고 끊임없이 노력해야만 할 것입니다. 앞에서 말한 것처럼 인생이란 거칠고 험한 과정으로 이루어져 있습니다. 부모는 자녀들이 자신이 선택한 잘못된 행동에 대해 고통스러운 결과를 경험하는 일을 당연하게 여겨야 합니다. 지혜로운 부모들은 실패에 대한 자녀들의 핑계와 변명을 차단함으로써 자녀로 하여금 그들 결정에 대한 책임을 통감하게 해주어야 합니다.

대부분의 부모는 자녀가 성인으로 성장해서 스스로 책임지는 어른이 되기 위해서는 책임감에 대해 배워야만 한다는 사실을 잘 알고 있습니다. 하지만 자녀가 정서적으로 고통 받는 것에 대해 걱정하고 두려워하는 부모가 많습니다. 자녀가 성장하고 긍정적으로 변화하기 위해 겪어야 하는 정서적 고통을 부모 스스로가 견뎌내지 못하는 것입니다. 부모는 너무나 자주 자녀를 불필요하게 도와줌으로써 무책임하고 무력한 사람이 되게 만드는 오류를 범하곤 합니다. 자녀는 그러한 그릇된 부모의 사랑에서 무책임을 배우고 고통으로부터 회피하는 방법을 배웁니다.

누구나 성장하는 과정에서 인내의 고통과 어려움을 극복하는 진통을 겪을 것입니다. 컴퓨터를 하고 싶어도 참는 것, 밤을 새워 시험공부를 하는 것, 친구를 잘 사귀는 법 등을 스스로 익혀 나갑니다. 이러한 과정에서 겪게 되는 경험을 어떻게 다루는가에 따라 자신에게 실망하여 더 심각한 문제를 일으킬 수도 있고, 자신감을 얻을 수도 있습니다. 이때, 부모가 전적으로 개입해서 자녀의 모든 문제를 대신 해결하려 든다면 자녀는 미래에 다가올 더 큰 위기의 순간에 대처하는 방법을 배우지 못할 소지가 큽니다. 부모가 할 일은 자녀가 자신의 선택으로 인해 고통을 받을 수도 기쁨을 누릴 수도 있으며 더불어 자신의 인생에 결정권은 자신만이 가지고 있다는 사실을 깊이 인식시켜 주는 것입니다. 부모와 전문가로서 우리는 성취동기가 낮은 청소년이 다른 새로운 결정을 하는데 주도권을 잡기보다는 어떻게 도움을 줘야 하는가를 고민해야 할 것입니다. 어떤 면에서는 옆에 있어주어 그들이 필요할 때 위로를 주는 정도의 소극적인 역할에 그쳐야 할 것입니다. 자녀의 고통을 부모가 대신 아파해 줄 수 없음은 인생의 진리입니다. 좌절과 고통 없는 성장이 있을 수 없음도 같은 이치이겠습니다.

 앞장에서도 언급했듯이 성취동기가 낮은 청소년과 관련된 심리적인 고통들인 수치심, 죄책감, 자기 가치의 빈약함, 불안감, 실망 등은 자신의 행동에 의해서 만들어지는 것입니다. 부모와 전문가가 자녀를 돕기 위해서는 문제의 핵심에 초점을 두어야 합니다. 문제의 핵심에 초점을 둠으로써 자녀는 자신의 실수를 스스로 발견하게 되고 책임감을 증진시키게 됩니다. 부모가 만일 처벌과 보상만으로 자녀의 고통과 즐거움을 다룬다면 자녀는 자신의 고통과 즐거움의 원인을 내부가 아닌 외부에 존재하는 것으로 여길 것입니다.

 성취동기가 낮은 청소년은 자신의 문제의 원인을 자신에게 두지 않습니다. 자신의 고통과 쾌락의 원인을 자신의 외부와 주변 환경에 돌립니다. 항상 그렇듯이 부모나 교사에게서 느낀 부정적인 감정을 앞세워 그 책임을 외부로 돌립니다. '엄마가 잔소리만 하지 않았다면 숙제를 하려고 했는데!' 라고 외칠 것입니다. 혼자서 알아서 하도록 놔뒀을 때도 결과는 마찬가지입니다. 자녀는 또 다른 핑계를 댈 것입니다. '담임선생님이 나에게 신경을 써주지 않아!' 혹은 '담임선생님이 나를 싫어해!' 라고 말입니다. 이러한 변명은 자신의 학업 실패의 이유를 외부에 두는 전형적인 표현들입니다. 일단 책임감을 외부로 돌리는 것이 습관이 되면 자녀들이 책임 있는 행동을 유지하기가 정말 어렵습니다. 성취동기가 낮은 청소년은 이러한 습관을 점점 삶의 방식으로 삼아 갈 것입니다. 잘못된 삶의 방식이 더욱 굳어질수록 인격 형성에 지대한 악영향은 피할 수 없는 사실입니다.

부모가 오해하지 말아야 할 것은 자녀에게 고통을 허용하라는 것이 자녀에게 고통을 짐 지우라는 뜻이 아니라는 점입니다. 고통을 허용하라는 것은 자녀가 자신의 문제를 스스로 해결하고 성취에 요구되는 능력과 책임감을 스스로 키울 수 있는 기회를 부여하라는 뜻입니다. 지혜로운 부모는 대신 문제를 해결해주지는 않되 자녀들이 솔직히 표현할 수 있도록 도와줍니다. 이러한 부모는 자녀의 마음에 존재하는 무책임, 영리한 핑계, 자기-인내의 빈약함 등의 그늘진 부분에 대해서도 스스로 인식할 수 있도록 참을성 있게 기다려 줍니다. 이때가 바로 부모가 자녀의 양심을 일깨워 주는 순간이며 자녀가 이러한 고통을 인식하는 순간 자녀는 스스로가 자신의 문제를 풀기 시작할 것입니다.

6장
변화를 위한 원칙

예비원칙 1 : 부모의 가치관 정립
예비원칙 2 : 긍정적 접근 방법 수립
예비원칙 3 : 학교생활 관련 거짓말 안하기
예비원칙 4 : '할 일은 꼭 해야만 한다'는
　　　　　　 원칙을 정하기
예비원칙 5 : 저항과 의존성 다루기
예비원칙 6 : 효과적 의사소통 기법

6장 · 변화를 위한 원칙

지금부터는 이전 장들에서 언급했던 문제들을 어떻게 변화시킬 것인지에 대해 논의해 보도록 하겠습니다. 구체적인 방법으로 들어가기 전에 부모나 교사들이 명심해야 할 것은 이러한 심리학적 혹은 정신치료적 원리들이 모든 상황에 적용될 수는 없음을 강조하고 싶습니다. 그러므로 여기에서 제시하는 방법들을 적용할 때 세심하고 사려 깊은 생각이 필요하며 이는 자녀의 성취동기를 높이기 위한 가장 기본적인 부모의 태도라고 할 수 있습니다.

어떤 부모는 여기서 제시하는 방법을 자녀에게 제대로 수행하지 못해 만족할 만한 결과를 얻지 못할 수도 있고 또 어떤 부모는 여기서 제시하는 방법을 자녀에게 잘 적용하여 의외의 좋은 결과를 얻을 수도 있을 것입니다. 그러나 이러한 양자 간의 근본적인 차이는 자녀에 대한 기본적인 신뢰와 사랑의 차이라고 감히 장담할 수 있습니다. 자신의 자녀를 사랑하지만 사랑을 표현하는 방식이 서로 달라 오해가 생긴 것과 자녀에 대한 사랑을 형식적이고 가식적으로 나타내는 것은 분명히 다른 결과를 가져 오기 마련입니다. 부모와 자녀 간에 기본적인 신뢰를 바탕으로 오해가 생긴 것이라면 쉽게 문제를 해결할 수 있지만, 형식적이고 가식적인 관계가 지속되어 온 상태라면 문제를 해결하는 것이 쉽지만은 않을 것입니다. 하지만 자녀의 낮은 성취동기와 관련된 문제를 해결하기 위해 어떤 방법인가를 시도하고 함께 노력하고 그 결과를 기다리는 것은 분명히 자녀의 인생에서 의미 있는 경험 중의 하나가 될 것입니다. 그 효과가 크지 않고 실망스럽다고해서 그것이 전혀 무의미한 것은 아닙니다. 눈에 보이지 않는다 하더라도 자녀의 마음속에 이미 더 나은 미래를 향한 작은 변화가 일어나고 있을 테니 말입니다.

상담현장에서 전문가도 다루기 어려운 내담자들을 만나는 경우가 종종 있습니다. 문제를 가지고 오는 청소년에게 여러 가지 치료기법과 심리학적 자원을 이용하여 긍정적인 변화를 꾀하려고 노력하지만 그러한 변화를 이끌어내기까지는 많은 노력과 인내가 필요한 경우도 많습니다. 자녀가 긍정적인 변화를 통해 성공적이며 건강한 인생을 살 수 있도록 돕고자 하는 부모의 노력이 당장에 자녀를 변화시키지는 못하더라도 자녀로 하여금 자신이 부모로부터 어떤 관심과 애정을 받았는지에 대해서는 느낄 수 있도록 하는 기회 제공은 충분합니다. 단연코 말하건 데 이러한 부모의 노력은 자녀의 마음에 뿌려진 작은 씨가 되어 지금 당장은 아니더라도 일정한 시기와 때가 되면 싹을 피우는 꽃과 같은 효과를 나타낼 수 있습니다. 성취동기를 높여주고 건강한 태도를 가지게 한다는 것은 그냥 팔짱을 끼고 구경하면서 얻어낼 수 있는 것이 아닙니다. 이는 자녀의 마음과 성격, 행동 등 전체를 변화시키는 중요한 시도이며 그만큼의 노력을 요하는 전문작업이므로 이 전쟁에서 승리하기 위해서는 부모도 자신의 마음과 정성을 다해야 할 것입니다.

예비원칙 1 : 부모의 가치관

우리는 모두 부모와의 정신적인 끈을 끊고 살아갈 수 없습니다. 우리가 아무리 부모와의 관계를 끊는다고 하여도 피는 물보다 진하기 때문에 마음 깊은 곳까지 부모와 무관하게 살아가기란 불가능합니다. 심지어 양자로 입양되어 친부모에 대한 기억조차 없다고 하더라도 사람은 자신의 생물학적 부모에 대한 일종의 상상을 마음속에 품게 됩니다. 이는 평생 다시 얼굴을 못보고 산다고 하여도 마음속에 이미 자신이 만들어 놓은 부모에 대한 이미지가 존재하고 있음을 의미합니다. 똑같이 우리가 낳은 우리의 자녀들도 부모의 인생으로부터 결코 완벽하게 분리될 수 없는 존재인 것입니다.

자녀를 둔 부모라면 절감하겠지만 자녀를 갖기 전과 후의 모습이 결코 같을 수가 없습니다. 자녀를 양육하는 일은 생각보다 복잡한 일이며 부모의 결정이 자녀에게 어떤 영향을 미치는지에 대해서는 자녀가 성장하여 성격과 행동이 드러나기 전까지 정확하게 예측할 수 없습니다. 아이들마다 자신만의 특성과 생각을 가지고 있기 때문에 우리가 예측할 수 있는 것이 거의 없다고 해도 틀리지 않을 것입니다.

자녀가 탯줄을 끊고 엄마의 몸으로부터 분리되는 순간부터 부모는 자녀가 스스로의 인생을 살아가도록 도와주어야 합니다. 부모가 해야 할 가장 중요한 의무는 자녀에게 사랑의 마음을 전해주고 자녀 스스로 자신의 역할을 하며 잘 살아갈 수 있도록 가르쳐야 하는 것입니다. 만일 부모가 자녀를 위해서 무엇인가를 제대로 하고 있다면 자녀는 부모의 한계를 뛰어넘어 더 멋진 인생을 살아갈 것입니다. 다시 말해, 부모가 자녀에게 성장을 위한 도움을 주려고 한다면 실제로 변해야 할 대상은 바로 부모 자신인 것입니다. 우리 부모 세대의 가치관이었던 권위적이고 엄격한 부모상에서 벗어나 상호 협력적이고 친밀한 자녀와의 관계를 성립해 나가야 할 것입니다.

상담을 받기 위해 찾아오는 부모와 자녀들에게 내담자가 변화를 위해 얼마나 힘든 과정을 겪고 이겨내야 하는지에 대해 설명하는 것은 어렵지 않습니다. 그러나 반대로 그러한 변화를 위해 부모가 얼마나 변화해야 하는지 설득하는 것은 자녀를 변화시키는 것보다 몇 배는 더 힘이 듭니다. 이는 부모의 태도와 감정이 관건이라서 단순히 '기술'이나 '단계' 등의 표현을 통해 설명될 수 있는 부분은 아닙니다.

부모가 해야 할 이러한 일련의 과정들은 이제 과정이 아닌 의무가 될 것입니다. 자녀들은 부모가 부모로서 경험하는 감정과 느낌에 책임이 없습니다. 힘들어하는 아이들에게 부모의 감정을 물어보아서는 안 됩니다. 예를 들어, '너 때문에 내가 얼마나 힘든지 아니?'라던가, '내가 너 때문에 살 수가 없어!' 등의 부정적인 표현을 기분 내키는 대로 해서는 안 됩니다. 이러한 표현은 마치 자신의 부정적 감정의 원인이 자녀에게 있다는 다소 무책임한 책임감을 아이에게 부과하는 행동입니다. 부모는 부모로서의 의무와 책임에 최선을 다해야 하며 의당히 모든 정성을 쏟아야 할 것입니다.

많은 부모와 자녀를 상담하고 또 심리 검사를 하면서 깨달은 중요한 심리치료의 원리 중 하나는 바로 변화의 가장 기본이 되는 것은 그 흔하게 표현되는 '사랑'이라는 것입니다. 지금 당장은 자녀의 문제 때문에 힘들어하더라도 기본적으로 가족 간에 애정이 있고 신뢰가 형성되어 있는 가정은 그렇지 않은 가정에 비해 치료의 효과가 쉽고 빠르게 나타납니다. 그렇기 때문에 모든 심리치료 기술의 기본적 원리는 가족 간의 분노와 오해를 사랑으로 대신하는 것이고 만일 이것이 이루어진다면 변화에 대한 희망이 크다고 말할 수 있습니다.

그러므로 부모의 기본적인 가치관은 바로 사랑에 뿌리를 두고 있다 할 것입니다. 부모들은 반드시 자신의 사랑을 진심으로 표현하는 방법을 배워야 합니다. 그리고 이러한 기본적인 학습 뒤에 여러 가지 치료적 기법이나 원칙들이 뒤따라야 합니다. 자녀의 변화를 위해 필요한 사랑을 표현하는 것은 쉬운 일이 아니며 오히려 어색할 수도 있습니다. 만일 자녀가 겪는 힘들고 어려운 상황을 문제로 여기기보다는 좀 더 성숙해지기 위한 긍정적인 도전으로 대견하게 받아들일 수 있다면 자녀가 자신의 문제로부터 벗어날 수 있는 지혜의 눈을 번쩍 뜨게 해 줄 것입니다.

예비원칙 2 : 긍정적인 접근 방법을 수립하기

자녀의 성취동기를 높이고 행동을 변화시키려는 부모들이 해야 할 일은 다른 무엇보다 정서적으로 긍정적인 부모가 됨을 의미합니다. 긍정적인 부모가 된다면 자녀에게 도움을 주는 치료 기법이나 행동 전략보다도 더 빠른 변화를 가져올 수 있습니다. 작은 생각과 행동에서 나타나는 긍정적인 태도는 자녀를 둘러싸고 있는 환경 속에서 자녀로 하여금 자신이 인식하지 못하고 있는 세상에 대한 관찰과 경험에 깊은 영향과 긍정적 변화를 가져올 수 있습니다. 유식하고 부유한 부모가 되는 것보다 긍정적인 부모가 되는 것이 더 중요한 일입니다.

긍정적인 부모는 긍정적으로 변화하기 위해 얼마나 많은 인내가 필요한지 알고 있는 부모이며 변화는 강제적인 외부의 힘으로 혹은 스스로 화만 낸다고 얻어지는 것이 절대 아니라는 것을 잘 인식하고 있는 부모입니다. 긍정적인 부모는 자신의 마음속으로 깊이 들어가 스스로를 통찰할 수 있는 것입니다.

자녀 문제를 해결하기 위해 상담센터나 클리닉을 찾는 부모들은 다른 부모들이 가지고 있는 자녀에 대한 사회적 편견을 극복하고 온 긍정적인 부모이기도 합니다. 남의 이목을 생각했을 때 치료기관을 찾는 것이 쉬운 일만은 아니기 때문입니다. 하지만 이러한 시도만으로는 변화가 이루어지지 않습니다. 자녀들의 내면에 존재하는 긍정적인 자원을 더 강화시키고 생명력을 불어넣어야 합니다. 특히 자녀의 낮은 성취동기나 잘못된 행동습관과 같은 문제에 직면했을 때 부모는 자녀가 그 어려움을 극복할 수 있도록 응원해 주고 지지해 주어야 합니다. 최면의 원리 중 하나는 우리가 원하는 것을 얻기 위해서는 우리가 원하는 것을 상상할 수 있는 그리고 믿을 수 있는 정신적인 힘이 필요하다는 것을 일깨워줍니다. 힘 있고 명료한 상상과 이미지는 자신이 경험하는 스트레스와 문제를 긍정적이며 건강하게 변화시키는 원동력이 되는 것입니다.

부모는 자녀의 부정적인 행동이나 무기력한 모습 등을 접하게 되면 무의식중에 부정적인 이미지, 부정적인 사고, 부정적인 상상을 하게 되고 결과적으로 자녀가 더욱 부정적이고 긴장되도록 영향을 미칩니다. 이때, 부모가 해야 할 첫 번째 변화는 자녀를 변화시키기 전에 자녀의 부정적인 행동으로 인한 자신의 스트레스를 다루는 태도와 감정을 긍정적으로 변화시켜야 한다는 것입니다.

낮은 점수가 적혀있는 성적표를 볼 때 부모는 마음속으로 이러한 성적이 다음 학기에도 지속되면 어떡하나 혹은 내 아이가 도대체 무슨 생각을 하고 있기에 이러한 성적표를 엄마에게 뻔뻔하게 보여주는 걸까? 하는 등의 여러 가지 부정적인 생각들을 하게 됩니다. 자녀가 나름대로 얼마나 노력했는지 또는 낮게 나온 점수에 대해 자녀가 얼마나 마음속으로 실망하고 스스로 상처받고 있는지 생각하기도 전에 말입니다. 이러한 경우 마음속으로 다음과 같이 자녀를 대하는 상상을 해 보십시오. 여러 과목 중 한 과목이라도 자녀가 나름대로 노력하여 조금이라도 나아진 과목이 있다면 그 과목에 대해 매우 기뻐하고 칭찬하는 모습을 그려보십시오. 자녀가 자신의 낮은 성적에 대한 비난보다는 조금이라도 노력해온 사실을 후하게 인정받아 자신감을 얻고 더 많은 노력을 하게 되어 그로 인해 변화되는 모습을 상상해 보십시오. 이는 그냥 상상이 아니라 실제 상담 장면에서 자녀의 성적을 올리기 위해 부모의 행동이 변화함으로써 일어났던 일입니다. 반대의 예도 들어보겠습니다. 낮은 성적을 받은 자녀가 그 성적 때문에 스스로도 상처를 입고 이 성적표를 보여 줄 것인가 말 것인가를 고심합니다. 자신의 성적이 스스로도 창피해서 다음에는 정말 열심히 하려고 하는 동기가 조금이나마 마음속에 생겼습니다. 그리고 혼날 것을 알면서도 부모로부터 어떤 대우라도 달게 받을 작정을 하고 성적표를 보여 줍니다. 그랬더니 예상한 대로 부모가 자신이 작으나마 노력한 점은 인정해주지 않고 성적이 낮은 과목 하나하나를 짚어 가면서 혼을 냅니다. 이때, 자녀는 역시나 자신의 예상대로 혼을 내는 부모를 보며 다음부터는 솔직하게 성적표를 보여주면 안 되겠다는 생각을 합니다. 만약 공부를 열심히 했다고 해도 결과가 좋지 않으면 분명히 부모들은 자신의 낮은 성적만을 문제 삼을 것이 분명하기 때문에 낮은 점수를 슬쩍 높은 점수로 바꾸어 부모를 속일 수도 있습니다. 그리고 이것이 습관이 되어 공부보다는 시험 결과를 어떻게 숨기고 바꿀 것인가를 고민하는 문제 행동을 보이기 시작할 것입니다.

어떤 면에서 완전히 긍정적인 부모가 된다는 것은 이상에 불과한 것일 수도 있습니다. 사실 완벽한 부모는 세상 어디에도 없습니다. 성취동기가 낮은 청소년의 행동을 변화시키기 위해 부모들은 많이 괴롭고 당황스러운 경험을 하며 자녀의 태도와 행동에 대해 부정적인 감정을 표현할 수밖에 없는 상황에 직면하게 됩니다. 그러나 마음에 사랑이 넘치고 열정이 있으며 이해심 있는 부모들은 긍정적인 부모가 될 가능성이 더 높으며 부정적인 감정과 태도를 긍정적으로 변화시켜 자녀와 건설적인 관계를 재형성할 수 있습니다. 그렇기 때문에 좀 더 빨리 자신을 긍정적인 태도의 부모로 변화시킬 수 있다면 더욱 빨리 그리고 성공적으로 자녀의 어려움과 문제들을 해결할 수 있습니다.

지능수준에 비해 낮은 성취동기를 지닌 자녀들의 가정은 공통적으로 매우 높은 수준의 긴장이 유지되고 있음을 쉽게 관찰할 수 있습니다. 그 시작이 무엇이 되었던지 간에 그들 부모는 항상 화가 나있고 좌절하고 있으며 권위적인 모습을 보입니다. 이러한 집안 분위기에 주눅든 자녀들은 무책임하고 반항적이며 수동적인 태도를 보이는 경우가 많습니다. 학년이 올라갈수록 이러한 긴장은 더욱 더 커지게 됩니다.

부모와 자녀 사이의 부정적인 관계는 사소한 일상에서도 쉽게 관찰됩니다. 예를 들어 보겠습니다. 지훈이라는 아이가 있다고 합시다. 이 아이는 머리도 영리하고 성격도 그렇게 나쁘지 않은데 공부는 잘 못합니다. 지훈이가 학교에서 집으로 돌아와 벨을 누르자 어머니가 문을 열어 줍니다. 어머니는 아들을 반갑게 맞이하고 학교에서 어떻게 지냈는지 물어봅니다. 어머니는 지훈이가 공부를 잘하지 못하기 때문에 학교에서 어떻게 지냈는지에 대해서만 물어보는 것입니다. 하지만 지훈이는 엄마에게 아무런 정보도 제공해 주지 않습니다. 그냥 "괜찮았어요."라고만 대답합니다. 그 순간 엄마는 다음과 같은 생각을 합니다. 자신이 더 이상 묻지 않는다면 이 말이 엄마에게 하는 유일한 말이라고. 그래서 이제부터 긴장을 하고 제대로 된 답을 듣기 위해 스무 번이 넘는 질문을 하고 지훈이는 짜증을 내기 시작합니다. 그래서 지훈이는 차라리 모호하게 대답하고 구체적인 답을 주지 않으려 했던 것입니다. 모호하게 대답하면 구체적으로 대답하는 것보다 해야 할 말이 줄어들 가능성이 높기 때문입니다. 이 두 사람은 서로 협동을 하고 있는 것이 아니라 서로 반대편에 서서 싸우고 있는 것입니다.

학교생활에 대해 만족할 만한 대답을 얻지 못한 엄마는 다시 지훈이에게 숙제가 있는지 물어봅니다. 그러면 문제는 더욱 악화되어 지훈이는 학교에서 다했다고 거짓말을 합니다. 하지만 엄마는 지훈이의 말을 당연히 의심하고 "너 거짓말이지?"라고 다그칩니다. 결국 지훈이는 자신이 거짓말을 했다고 말하거나 "잊어버렸어요."라고 변명할 것입니다. 그래서 엄마는 지훈이가 친구를 만나러 가려고 하거나 전화를 지나치게 많이 할 때 화가 나고 점점 아이가 자신을 속인다고 생각하기 시작합니다.

이러한 짧은 대화의 모습만 보아도 부모와 자녀 사이에 서로를 믿지 못하고 긴장되어 있으며 대화가 단절되어 있음을 알 수 있습니다. 또한 성취동기가 낮은 청소년들이 일상생활 속에서 고통을 느끼고 있음을 발견할 수 있습니다. 이러한 의사소통의 벽을 벗어나기 위한 노력과 부모가 부정적인 상황을 긍정적인 상황으로 변화시키기 위해 노력해야 할 몇 가지를 정리해 보겠습니다.

1. 자녀의 요구가 자녀를 훈육하는데 수반되는 책임과 일치한다고 생각하십시오. 자녀의 요구가 어떤 깊은 뜻이 있을 수 있다는 점을 간

과하지 마십시오. 당신은 당신의 자녀를 자신과 타인을 위해 의미 있는 일을 할 수 있고 자신과 타인을 사랑하며 자신의 일을 즐길 줄 아는 최고의 기회를 가지고 있는 행복한 사람으로 키워야만 합니다.

2. 당신은 자녀를 자신을 통제할 줄 알고, 용기를 가질 줄 알며 당신과 긍정적인 관계를 형성할 줄 아는 사람이 되도록 도움을 주어야만 합니다. 만일 당신이 자녀의 변명을 용납하는 태도를 가진다면 당신은 자녀에게 자신을 통찰할 수 있는 기회를 박탈하는 것입니다. 무엇인가를 대신해주기보다는 스스로 해나가며 성취감을 느낄 수 있도록 도와주십시오.

3. 당신은 당신 자신이 변화해야 할 첫 번째 인물이라는 사실을 이해해야만 합니다. 또한 당신 자녀의 문제를 키우는 사람이 바로 당신 자신이라는 사실도 인정해야만 합니다. 때로 당신은 문제를 만들어 내는 원인 제공자이기까지 합니다. 당신은 자녀를 변화시키기 전에 당신 자신의 방식을 변화시켜야만 합니다. 이러한 변화는 당신의 노력이 별 효과가 없을 때 도움을 구해야 한다는 사실도 포함하고 있는 것입니다. 성취동기가 낮은 아이들은 아무리 절실해도 결코 도움을 찾지 않습니다. 그러므로 당신 스스로가 당신의 문제를 해결하기 위해 애쓰지 않는다면 이 책은 물론이며 어떠한 전문가도 도움이 되지 않을 것입니다.

4. 실수를 범하는 것을 두려워해서는 안 됩니다. 대부분의 부모들은 긍정적인 태도를 가지기 위해 노력하지만 때때로 부정적인 태도로 돌아가기도 합니다. 만일 부정적인 태도를 보였다면 가능한 빨리 긍정적인 태도의 궤도로 돌아가십시오. 부모가 자녀에게 자신의 부정적이

며 잘못된 양육에 대해 즉각적으로 사과하는 것만큼 중요한 것은 없습니다. 잘못을 했을 때 그것을 인정하고 바로 고치십시오.

5. 당신의 자녀가 나이가 어리고 혹은 경험이 부족하다고 하여도 정서적으로는 당신과 동등한 존재라는 사실을 잊어서는 안 됩니다. 물론 당신은 어른으로 당신의 자녀들보다 정서적인 발달이나 인생의 경험, 도덕적 발달, 판단력, 공감하는 능력에서 앞서고 그리고 복잡한 일에 대해 사고하고 행동하는 측면에서도 더 잘 발달되어 있을 것입니다. 그러나 어려움을 겪고 있는 당신 자녀의 눈으로 세상을 보면 당신의 행동은 아이인 자신의 행동과 차이가 없을 것입니다. 이 사실을 잘 이해한다면 당신의 자녀는 정서적으로 당신의 친구이고 동료이며 동등한 입장에서 당신은 자녀를 더 잘 도울 수 있을 것입니다. 적어도 당신의 자녀를 진정으로 돕기 원할 때에 그들의 깊은 마음을 깎아내리거나 과소평가하지는 않을 것입니다. 긍정적인 부모의 태도는 모든 성취동기가 낮은 자녀를 변화시키는 본질적이며 핵심적인 요소입니다. 왜냐하면 모든 유형의 성취동기가 낮은 청소년은 실망감에 낙담하고 있으며 이러한 감정을 속으로 숨겨두고 있기 때문입니다. 그들은 수치심과 죄책감에 고통 받고 있으며 자신의 변명과 무책임에 대해 미래에 어떤 결과를 가져올지에 대해 말 못할 두려움을 가지고 있습니다. 이들은 주변의 환경을 부정적으로 판단하기 때문에 만일 그들이 어른과의 관계를 고통스럽게 받아들인다면 어른이 제공하는 어떠한 협조나 도움도 받아들이려 하지 않을 것입니다. 긍정적인 부모는 자녀 자신이 스스로를 어떻게 이해할 것인지 돕고 자신과 정서적으로 어떻게 가까워질지를 알려 줍니다. 친밀함과 진심어린 애정은 자녀의 변화를 가능하게 할 수 있습니다.

긍정적인 부모가 되는 것은 자녀에게 교도관이 아닌 안내자의 역할을 하는 것입니다. 부모는 성취동기가 낮은 자녀를 변화시키기 전에 자신의 성격과 태도를 변화시켜야만 합니다. 부모는 안내자 역할의 중요성을 정확하게 인식해야 할 것입니다. 자녀와 갈등이 있을 때 열정적으로 해결하려는 태도를 가져야 하며 의사소통을 할 때에도 부드러운 정서적 태도를 유지해야 하고 자녀와 친밀해야 합니다. 이러한 태도를 통해 자녀는 배우고 성장하며 삶에 대한 의미와 열정을 발견하게 되는 것입니다.

예비원칙 3 : 학교에 대한 거짓말 안 하기

성취동기가 낮은 자녀들 대부분이 학교에서 있었던 일들에 대해 거짓말을 하는 경우가 많습니다. 그래서 부모는 자녀의 학교생활에 대해 왜곡된 정보를 받아들이게 되고 후에 다른 학부모나 교사에게서 들은 정보가 자녀에게서 들은 이야기와 다른 것을 알게 되면 자녀에 대한 신뢰를 상실하게 됩니다. 자녀가 긍정적인 방향으로 변화할 수 있도록 돕기 위해서는 이 부분부터 개선해야 합니다. 즉, 자녀가 학교에서 있었던 활동이나 사건들에 대해 솔직하게 부모에게 알릴 수 있는 환경을 만들어 주어야 합니다. 성취동기가 낮은 청소년 대부분이 학교생활에 대해 거짓말을 하는 이유가 그들이 학교에서 어떤 사건에 휘말렸다고 했을 때 그것에 대하여 솔직하게 말을 하게 되면 오히려 자신에게 피해가 가거나 자신이 혼이 나게 될 것이라는 생각 때문입니다. 자녀는 자신이 솔직하게 이야기를 했을 때 부모가 자신을 도와주기보다는 사건의 책임을 묻거나 혼을 낼 것이라고 믿습니다. 부모와 자녀 사이의 솔직한 대화는 쌍방의 상호 신뢰감이 돈독할 때 가능한 것입니다. 단순히 솔직하게 이야기해 보라고 다그친다고해서 이 문제를 해결할 수 없습니다. 그러므로 이러한 학교생활에 대해 거짓말하는 문제에 직면하여 해결방안을 찾아야 합니다. 자녀가 솔직히 말할 수 있도록 이끄는 몇 가지 방법을 언급해 보도록 하겠습니다.

1. 태도 : 자녀가 정직하지 못했다는 것에 대해 벌을 주는 것이 아니라 그렇게밖에 할 수 없었던 자녀의 마음을 이해해야 하며 자녀의 변화에 도움이 되도록 해야 합니다.

2. 조건 : 부모는 자녀에게 학교에서 억울한 일을 당하지 않도록 해주기 위해서 단지 도움만을 주려는 의도가 있다는 사실을 알려주어야 합니다. 결코 자녀에게 간섭하려고 하는 것이 아니며 실제 학교에서 어떻게 행동하고 또 어떤 것을 하고 싶어 하는지 알기 원할 뿐이라고 설명해 주어야 합니다.

3. 자녀가 할 것 : 자녀가 매일 학교에서 돌아오면 어머니나 아버지 혹은 양쪽 모두에게 일종의 보고를 하도록 합니다. 이상적인 것은 부모는 아무것도 묻지 않아야 하며 자녀는 각 수업시간에 벌어진 일들을 비교적 구체적으로 보고하는 것입니다. 부모는 이러한 자녀의 보고를 잘 기록해 둡니다. 자녀는 각 수업시간에 구체적으로 어떤 일들이 있었는지 설명합니다. 만일 시험기간이 공지된다면 자녀는 이러한 사실을 부모에게 알리고 부모는 자녀에게 어느 정도의 성적을 받을 것인지 물어봅니다. 만일 자녀가 학교 과제를 하지 못했다면 무슨 이유로 하지 못했는지 확인하고 그 사실에 대해 기록해 둡니다. 보고의 끝에 부모는 자녀에게 그날 해야 할 숙제 및 공부가 남아 있다면 어떻게 처리

할 것인지 계획을 물어봅니다. 그리고 나서 자녀가 도움이 필요한지 물어보고 자녀가 요구하는 것에 한해서만 어떻게 도울지 계획합니다.

4. 부모가 할 일 : 부모는 자녀가 학교에서 일어난 모든 것을 편하게 이야기할 수 있도록 도와주어야 합니다. 학교생활에 대한 이야기를 듣고 화를 내거나 실망하거나 비난하거나 좌절하지도 않을 것이라는 약속을 해야 합니다. 또한 자녀의 솔직한 고백에 대해 외출을 금지시키거나 체벌이나 비난을 하지 않아야 합니다. 또한 어떤 잘못이 있다고 하여도 왜 그럴 수밖에 없었는지 그 마음을 이해하려고 노력하며 그러한 문제를 극복할 계획을 수립하는데 도움을 줄 것임을 약속해야 합니다. 이렇게 해야 하는 이유는 이처럼 자녀가 편하게 이야기할 수 있는 환경을 만들어줌으로써 어떤 문제가 일어났는지를 알 수 있고 그 문제를 해결하기 위한 합의된 실천사항을 계획할 수 있기 때문입니다. 최소한 부모들이 자녀가 학교생활에 대해 솔직하게 표현해 주기를 강력하게 원하고 있음을 알리기 위해 이러한 행동들이 필요한 것입니다.

하지만 단순하게 자녀의 말에만 의존하지는 마십시오. 이는 믿지 말라는 것이 아니라 자녀의 말만 가지고 판단하지 말라는 것입니다. 여기서 말하는 것은 진짜 어떤 일들이 벌어지고 있는지에 대해 확인하라는 것입니다. 부모는 학교에 전화해서 한동안 자녀에게 어떤 일들이 실제 벌어졌는지 담임교사에게 물어보고 확인할 수 있습니다. 학교에서 공부를 제대로 하는지, 성적이 낮게 나온 과목이 있는지, 혹은 다른 잘못들이 있는지 확인하십시오.

5. 지금 부모는 무엇을 할 것인가? : 부모는 차분하게 인내심을 가지고 자녀의 거짓된 행동과 말을 직면시켜줄 최적의 기회를 기다려야 합

니다. 자녀의 입장에서 자신의 거짓말과 속이는 행동이 이해받을 만한 것으로 생각되더라도 이러한 행동은 부모의 입장에서는 부모와 자식 사이의 신뢰에 금이 가게 할 수 있는 일일 것입니다. 자녀가 자신의 정체성을 형성하고 독립심을 키우는데 부모가 모르는 비밀을 가진다는 것은 자연스러운 현상이며 필요하기까지 한 부분입니다. 그러나 학교생활은 여러 명이 함께하는 단체생활이기에 자녀의 사생활에서 예외입니다. 성취동기가 낮은 청소년이 지속적으로 자신의 문제에 대해 속이고 거짓말을 하는 것은 매우 위험한 것입니다. 부모는 자녀가 주말에 놀러 가겠다고 이야기하는 순간과 같은 때를 잘 선택해야 합니다. 예를 들어, 자녀가 주말에 친구와 무엇을 할 것인가 이야기하는 동안 자녀의 말을 귀담아 들으십시오. 이때, 부모는 자녀의 요구에 우선은 매우 긍정적인 태도로 반응해야 할 것입니다. 이 시점에서 학교 선생님에게 전화를 했더니 선생님이 정확한 정보를 알려주지 않거나 자녀가 학교에서의 일들에 대해 거짓말을 하는 것 같기 때문에 자녀가 말하는 것이 정확하게 무엇을 의미하는지 확신하지 못한다고 말하십시오. 이 부분에선 해결할 문제가 있을 수 있습니다. 자녀가 거짓말을 했다는 것과 부모들이 그것을 몰랐던 이유 또는 자녀를 확실하게 신뢰하는데 거짓말을 한 이유에 대한 부분 말입니다. 이처럼 자연스럽게 그 사건에 대한 이야기를 꺼내어 편안한 분위기 속에서 대화하며 자녀와의 신뢰를 다시 형성하고 학교에서의 문제점을 충분히 다룬 이후에만 자녀가 주말에 친구를 만나도록 해야 합니다. 만일 자녀가 부모가 자신을 믿는 데에 얼마의 시간이 걸릴지를 묻는다면 부모는 서로 믿고 신뢰하는데 얼마의 시간이 걸리는지 정확하게 답을 할 수 없을 것입니다. 그것은 길 수도 있고 짧을 수도 있다고 말해야 합니다. 네가 원하는 어느 때라도 이에 대한 이야기를 할 수 있지만 얼마나 걸릴 것인지 부모도 모른다고 설명하십시오. 하지만

이에 대해 서로가 결론을 대충이라도 내릴 수 있다면 언제든지 친구를 만나도 좋다고 설명하십시오. 이런 방식으로 자녀에게 부정적인 인상을 주지 않으면서 문제를 해결해 나가야 합니다.

예비원칙 4 : '할 일은 꼭 해야만 한다.'는 원칙을 정하기

이 원칙은 특히 학교에서 내준 과제를 하지 않으려는 자녀를 둔 부모라면 명심해서 지켜야 합니다. 또한 자녀가 성인으로 성장하는데 필수적인 사항입니다. 숙제란 자녀들에게 주어진 일종의 업무이며 과제입니다. 이러한 자신의 업무를 미루지 않고 시간에 맞추어 할 수 있다는 것은 어른이 되어서도 자신의 업무에 책임감을 가지고 마무리할 수 있음을 의미합니다. 자녀는 자신이 해야 할 일을 어떤 식으로든 끝까지 완수하는 것을 통해 책임감과 성취감을 배우게 됩니다. 성취동기가 낮은 청소년 대부분이 지속적으로 가지는 문제점 중 하나는 숙제나 자신이 해야 할 일을 완수하지 못한다는 것입니다. 게다가 이러한 자신의 행동이 별거 아니라는 생각을 은연중에 가지고 있습니다. 그들이 가지고 있는 비현실적인 생각은 이렇게 자신의 할 일을 하지 않는 것이 실제 자신의 생활이나 인생에 아무런 영향을 미치지 않을 것이라는 믿음에서 비롯됩니다. 이러한 태도는 지속적으로 자녀의 과제와 일에 대한 태도에 악영향을 미치며 결국 성인이 되어서도 자신의 일을 끝맺지 못하는 결과를 만들어 냅니다. 그러므로 자녀들이 책임감 있게 성장하기 위해 이러한 기본적인 태도는 확실히 훈련시켜야 할 것입니다.

자녀가 자신이 해야 할 일을 완성하지 못하고 있다면 부모는 자녀가 완수하지 못한 일을 다른 어떤 일보다 우선적으로 수행하도록 권하여야 합니다. 자녀가 다른 것을 원하는 경우에도 완성하지 못한 학교 숙제나 일을 완수하기 전까지는 자유시간이 허용되지 않아야 합니다. 이러한 원칙을 일관되게 적용할 때 자녀들은 부모가 정확하게 이 원칙을 지키고 있음을 알게 됩니다. 그러나 심각하게 우울, 반항, 분노를 보이는 자녀의 경우는 가족 내의 만성적인 문제를 의미하고 있으며 이러한 문제를 해결하기 위해서는 전문가의 직접적인 도움이 필요합니다.

예비원칙 5 : 저항과 의존성 다루기

성취동기가 낮은 청소년 대부분은 자신을 도와주려는 주변의 의도에 대해 저항하는 예가 많습니다. 자신의 주체성을 상실하고 지나치게 의존적으로 행동하며 이러한 의존성은 특히 학교와 관련된 일들에서 더 심하게 나타날 것입니다. 이러한 경우 어떻게 다루는 게 좋을 지 정리해 보았습니다.

1. 부모가 말해야 할 것 : 부모가 이러한 주제를 다룰 때에는 매우 차분해야 합니다. 그래야만 자녀들은 위협감을 느끼지 않고 자신이 하는 말에 주의를 기울일 수 있습니다. 부모는 반드시 대화를 통해 자녀에게 자율성과 독립성에 대해 강조하고 확인해야 합니다. 부모의 의도를 자녀가 잘 이해하지 못하고 따르지 않을 경우, 자녀의 모든 말과 행동에 대해 자기 자신이 주체임을 정확히 일깨워 주어야 합니다. 예를 들어, 자신의 성적을 속이고 부모에게 자신과 관련된 중요한 사실들을 말해 주지 않는 자녀가 있다고 합시다. 그의 아버지가 이러한 자녀의 분노나 반항심, 의존적인 행동에 대해 언급하고 직면시키자 자녀는 그 상황을 회피하며 다음 주에 시험이 있다는 이야기를 합니다. 시험에 대한 이야기를 꺼냄으로써 자신의 부정적인 모습을 회피하려고 하는

의도에서 말입니다. 이때, 부모는 학교에 전화를 해서 자녀의 성적을 확인하고 시험 일정에 대해 알아봅니다. 그리고 아버지는 교사를 통해 확인한 자녀의 낮은 성적에 대해 이야기하고 아버지의 행동을 며칠 동안 관찰해 보도록 권유합니다. 그리고 아버지는 시험을 앞두고 어떻게 시험 준비를 하는지 그리고 시간을 어떻게 보내는지 자녀에게 모범을 보이고 스스로가 자신의 방식을 실천하여 보여 줍니다. 자녀가 아버지의 이러한 지도에도 자신의 일을 미루고 계획을 따르지 않는다면 자녀의 이러한 잘못된 행동을 직면시키고 자신의 일에 자신이 주체가 아닌 것처럼 행동하고 있음을 알려 주어야 합니다. 자녀가 시험을 잘 치르게 되면 아버지의 지도는 끝을 내고 점진적으로 자녀에게 자율권을 다시 넘겨 주도록 합니다.

2. 의존에 대한 직면 : 자녀들의 낮은 성취동기 문제를 해결하기 위해 부모는 자녀를 실패하게 만드는 전환점이나 결정의 순간을 분리시켜야 합니다. 결정의 순간을 분리시킴으로써 자녀 스스로 실패를 선택하는 결정을 하고 있음을 직면시켜 주고 재해석해 주는 것입니다. 이러한 재해석 다음에 독립적인 결정, 부모에게 의존하는 결정이 어떤 것인지 함께 고민해봅니다. 이러한 시도에도 불구하고 계속적으로 의존적이며 무책임함 결정을 하는 자녀들은 정서적으로 미성숙하며 자신의 나이에 가져야 하는 자율성을 갖지 못한 상태이므로 전문가의 도움이 반드시 필요합니다.

예비원칙 6 : 효과적 의사소통 기법

상담과정에 소크라테스식의 대화법이 사용되는 경우가 있습니다.

변증법적 의사소통이라고도 할 수 있는데 이는 적절하며 훌륭한 질문만으로 진리나 지혜를 이끌어 낼 수 있다는 것을 의미합니다. 소크라테스는 나이 어린 학생을 지도할 때 강의를 하거나 설명을 하지 않고 세밀한 형태의 질문을 함으로써 학생으로 하여금 한발 한발 스스로 깨달음을 얻도록 도왔습니다. 이러한 소크라테스식 문답법은 비단 상담이나 심리치료뿐만이 아닌 변호사, 의회, 자녀와의 대화방식 등에서 충분히 활용될 수 있습니다.

성취동기가 낮은 자녀에게 천천히, 세분화된 질문을 하고 자녀 스스로가 답을 찾아가도록 도와 주며 스스로 자신의 행동이나 결과에 대해 책임을 지는 위치에 설 수 있도록 안내해 주는 것이 매우 중요합니다. 단 이러한 문답법을 사용할 때 조심할 것은 자녀에게 매우 구체적이고 세밀한 사항들을 질문하고 반응을 이끌어 내야 한다는 것입니다. 그렇지 않다면 자녀는 단순하게 조용하며 매우 간단한 응답에 그칠 것입니다. 구체적인 질문에 대해서는 모호하게 설명하거나 그냥 지나가게 해서는 안 됩니다. 부모의 질문 하나 하나에 구체적인 대답을 함으로써 자녀는 스스로 통찰하게 되고 성장하게 되는 것입니다.

7장
성취동기를 높이는 10단계

1단계 : 정직성, 신뢰, 진리의 가치 깨닫기
2단계 : 단기 목표 및 장기 목표 설정하기
3단계 : 목표를 이루기 위한 방법 탐색하기
4단계 : 하나의 문제를 선택하여 자녀의 시각에서 바라보기
5단계 : 목표 달성이나 실패를 기하는 자녀의 현재문제 점검하기
6단계 : 성취를 달성하기 위한 구체적인 계획 세우기
7단계 : 자신의 계획과 실제 수행 결과의 차이를 점검하기
　　　 - 실패나 성공을 일으키는 원인 분석하기
8단계 : 자기 돌아보기
　　　 - 자신의 계획과 그에 따른 결과를 반성하기
9단계 : 계획에 대한 책임 굳건히 하기
10단계 : 성공과 실패에서 교훈 얻기

7장 · 성취동기를 높이는 10단계

    이 장에서는 성취동기가 낮은 청소년을 변화시키는 방법에 대해 구체적으로 설명하고자 합니다. 이 방법은 많은 상담기법과 동기 형성 기법에 근거하여 자녀의 동기를 변화시키는 효과적인 방법들을 정리한 것입니다. 앞에서 설명한 원칙들도 이 단계의 효과를 더욱 높이기 위한 기본적인 사항입니다. 그러므로 지금부터 제시되는 사항들을 얼마나 잘 실천하는지에 따라 변화 여부가 결정될 것입니다.
    성취동기가 낮은 청소년을 변화시키는 방법을 10단계로 나누었습니다. 각 단계들은 자녀의 내면에 존재하는 심리적 문제들을 밝혀내고 실패의 원인이 무엇인지 이해하는데 도움을 줄 수 있는 형태로 구성하였습니다. 또한 이러한 과정을 통해 자녀 스스로 자신에 대해 좀 더 잘 이해하고 자신의 문제에 대한 해결책을 고민하도록 하였습니다. 이러한 자기 탐색은 심리치료나 행동의 변화를 이끌어 내기 위한 매우 중요한 치료기법 중의 하나입니다.

더불어 부모는 각 단계를 통해 자신이 가지고 있는 자녀교육의 문제점을 파악하고 자신의 성격이나 자녀와의 상호작용에 대해 좀 더 깊이 있는 인식을 할 것이라 기대하며 자신의 감정, 느낌, 사고에 대한 이해에도 도움을 줄 것으로 믿습니다. 그러나 이러한 방법이 제대로 효과를 거두려면 상당한 노력이 뒤따라야 합니다.

단계의 설정

1단계 : 정직성, 신뢰, 진리에 대한 가치를 수립하기
2단계 : 장기 목표, 중기 목표, 단기 목표 설정하기
3단계 : 목표를 이루기 위한 방법 탐색하기
4단계 : 하나의 문제를 선택하여 자녀의 시각에서 탐색해보기
5단계 : 목표 달성이나 실패에 대한 자녀의 현재 문제 탐색하기
6단계 : 성취문제를 해결하기 위한 구체적인 계획 세우기
7단계 : 자신의 계획과 관련하여 성공과 실패를 다시 확인하기
    – 실패나 성공을 일으키는 원인 분석하기
8단계 : 자기 돌아보기 – 자신의 계획에 대한 갈등과 느낌을 탐색하기
9단계 : 계획에 대한 책임 굳건히 하기
10단계 : 성공과 실패에 대한 결정의 결과 분석하고 추적하기

1단계 : 정직성, 신뢰, 진리에 대한 가치를 수립하기

가정에서 가족구성원 간의 신뢰는 매우 중요한 요소 중의 하나입니다. 그러나 안타깝게도 자녀가 하는 말을 부모가 한마디도 신뢰하지 못하는 가정이 많은 것이 현실입니다. 성취동기가 낮은 청소년 대부분은 부모에게 공부와 연관된 중요한 사실들을 솔직하게 말하지 않습니다. 그래서 부모와 자녀 간에 연결되어 있어야 할 신뢰의 끈이 아예 단절된 경우가 많습니다. 이미 오래전에 이러한 통로가 차단되었음에도 부모가 이러한 사실을 간과하고 있는 경우도 흔히 발견됩니다.

이 단계의 목적은 부모자녀 간에 이어져오고 있는 불신의 벽을 허물고 서로 신뢰하는 관계를 다시 형성하도록 하는 것에 있습니다. 자녀가 학교나 성적과 관련된 사항들에 대해 더 이상 거짓말하지 않는다면 성공과 성취에 대한 가치와 자신의 내면에 숨겨져 있던 양심을 다시 찾을 수 있습니다. 자녀가 솔직하게 말할 수 있게 된다면 내면의 드러내지 못했던 게으름, 실패, 참을성의 부족 등에 대해 조금씩 표현하기 시작할 것이고 이는 외부에서 어떤 설득이나 요구를 하는 것보다 더 긍정적인 변화를 위한 매우 강력한 동기를 이끌어 낼 것입니다.

학교생활에 대해 정직한 대화를 시작하는 가장 효과적인 방법은 자녀에게 직접 물어보는 것입니다. 자녀가 이전에 부모에게 학교생활에 대해 진실하지 못하고 부정확한 보고를 했다는 사실을 상기하는 것도 매우 중요합니다. 부모인 당신이 과거 자녀를 힘들게 몰아붙였기 때문에 자녀가 의도하지 않게 당신을 속이고 거짓말을 해왔다는 사실도 중요하게 인식하기 바랍니다.

가장 먼저, 자녀와 당신 사이에 일어나는 갈등을 해소하고 싶다고 자녀에게 알리십시오. 좋고 나쁨을 떠나 학교생활과 공부와 관련된 어떤 것이라도 솔직히 말해주기를 원한다고 자녀에게 이야기하십시오. 자녀가 매 시간의 수업 동안 어떻게 행동하는지에 대해 알아야 하고 시험이나 간단한 테스트가 있을 경우 자녀가 얼마 정도의 점수를 받기 원하는지 알아야 하고 자녀가 학교에서 어떤 과제를 맡아서 준비를 하고 있는 지에 대해 알아야 합니다. 자녀에게 위의 사항들에 대해 간단히 물어 보고 자녀의 대답을 노트에 기록해 두십시오. 이러한 매일의 대화를 통해 자녀의 성적과 학교에서의 생활에 대한 진실을 저절로 알게 될 것입니다. 학업에 대해 지속적으로 거짓말을 하는 것은 매우 심각한 문제라는 사실을 자녀가 깨닫게 하십시오. 더불어 자녀의 문제점이 무엇인지보다 학교에서 어떻게 지냈고 있는 지 알아내는 것이 더 중요하다는 것을 잊지 마십시오. 자녀가 학교에서 저지른 잘못을 말하더라도 화내지 마십시오. 자녀가 왜 그렇게 행동했는지를 먼저 읽어 내야 합니다. 부모가 먼저 부드럽게 대화에 임했을 때에만 자녀는 솔직하게 마음을 열 수 있음도 꼭 기억하십시오.

당신이 자녀를 신뢰한다고 이야기해 주십시오. 자녀에게 더 이상 구속하지도, 잔소리를 하지도, 소리치거나 벌을 주지도, 특권을 가지고 자녀를 매수하려고도 하지 않겠다고 약속하십시오. 어떻게 도울 수 있을지 방법을 알고 싶을 뿐, 어떠한 협상이나 위협도 하지 않을 것이라고 말하십시오. 자녀가 학교에서 독립적인 주인으로 행동하고 자신 스스로 동기를 형성하며 자신에 대해 긍정적인 느낌을 가질 수 있기를 원한다고 말하십시오. 자녀가 자신의 미래를 위해 실질적인 노력을 할 수 있고 자신의 문제를 해결하는 독립적인 사람이 되며 미래의 어느 날 꿈을 성취하는 성공적인 어른이 되어 있기를 염원하십시오. 무엇보다 약속한 것은 꼭 지키십시오.

로마는 하루아침에 이루어지지 않았으며 천리 길도 한 걸음부터 시작된다는 사실을 이야기해 주십시오. 스스로 동기를 형성하고 성취감을 느끼며 독립적으로 문제를 해결할 수 있는 사람이 되기 위해서는 많은 시간이 필요하다고 말해 주십시오. 혼자서 감당해 나갈 수 있을 때까지 돕겠다고 약속하십시오. 자녀가 자신의 계획을 실천하기 힘들 때 부모와 편안하게 고민을 나눌 수 있는 분위기를 만들어 주십시오. 자녀가 문제를 해결하려 노력하는 동안 친구의 입장에서 또 스승의 입장에서 문제 해결에 도움을 주도록 하십시오.

마지막으로 마음을 다지고 변화를 위한 첫걸음을 시작했다고 하더라도 때때로 과거의 나쁜 습관이 나타날 수 있을 것이라는 사실을 자녀에게 미리 말해 주십시오. 어떤 사람도 완벽할 수 없으며 때로 변화란 느리고 어려운 것이라는 사실을 설명해 주십시오. 더불어 옛날의 버릇으로 돌아가는 것은 단순히 문제를 해결하고 극복하는 과정에서 경험하게 되는 또 다른 기회가 될 수 있다는 사실을 이해시켜 주십시오.

주의해야 할 점

성취동기가 낮은 청소년은 학교에서의 문제를 해결하기 위한 도움 자체에 부정적인 반응을 나타내는 경우가 있습니다. 좀 더 나은 방향으로 이끌려는 부모의 노력을 거부하는 경우도 많습니다. 일반적으로 이러한 유형은 자신의 일에 대해 간섭하거나 자신이 하던 방식에 대해 개입하는 경우에 심한 스트레스를 받습니다. 그냥 자신을 자신이 하던 방식대로 내버려 두라고 강하게 요구할 것입니다.

실제로 이러한 반응은 성취동기가 낮은 청소년을 둔 부모들 대부분이 경험하는 것입니다. 불행히도 부모는 대부분의 시간 동안 자녀의 문제되는 행동과 태도가 변화되지 않기 때문에 위에서 말한 약속들에 대해 스스로 의심합니다. 과거의 행동을 통해 미래를 예견하는 것입니다. 성취동기가 낮은 아동, 청소년의 대부분은 학교에서의 일이나 성적에 대해 이야기하기를 꺼려합니다. 누군들 자신이 어떤 이야기를 했을 때 늘 화를 내거나 비판적인 사람들에게 자신의 약점을 노출시키고 그들의 비난과 훈계를 통해 자신의 상처를 더하고 싶겠습니까? 자녀가 자신의 비밀을 털어놓을 정도의 신뢰를 부모에게 보내는 데에는 일정한 시간이 걸리는 법입니다. 자녀가 공개적으로 자신의 실수와 실패에 대해 이야기하는 것은 힘든 일입니다. 하지만 학교생활은 비밀을 간직하고 싶다고 해서 숨길 수 있는 공간이 아닙니다. 교사와 친구가 연관되어 있기 때문에 그 어떤 비밀도 언젠가는 드러날 수밖에 없습니다. 직장에서 직원이 일하는 것이 사적인 것이 아니듯이 말입니다. 성취동기가 낮은 청소년의 변화를 위해서는 매우 조심스럽고 민감한 방식으로 숨겨져 있는 사실들이 드러날 수 있도록 해야 합니다. 이러한 방식으로 자녀는 점차 책임감을 배우기 시작하고 성인으로서의 삶을 배우기 시작하는 것입니다.

　이러한 방식에 대해 자녀가 거부하기도 할 것입니다. 어떤 경우에는 적대적이고 공격적인 태도를 보이기도 할 것인데 그러한 태도를 보인다고 하여도 일관성 있고 명확한 태도를 유지해야 합니다. 만일 이러한 접근에 대해 2주 이상의 저항이나 공격성을 보이고 또 두 번째 단계를 넘어 가지 못하고 있다면 심리학자나 주변의 전문가에게 도움을 청하여 이 문제를 서로 협조하여 해결해야 합니다. 혼자서 해결하지 못하는 문제는 전문가에게 도움을 청해야만 합니다.

　지금 설명하고 있는 단계의 원리는 한편으로는 간단합니다. 우리는 유아에서 아동으로, 아동에서 청소년으로, 청소년에서 성인으로 나이를 먹어가면서 성장을 합니다. 이것을 발달이라는 말로 표현하기도 하는데 이러한 발달은 각 시간상의 흐름인 나이에 따라 심리적, 인격적, 동기적, 사회적 측면 등등에서 적절한 역할과 의무를 같이 경험하고 극복하는 과정을 통해 얻어집니다. 그러면서 조금씩 어른으로서의 성장과 성숙을 얻어가게 됩니다. 그러나 때로 아동의 정서적 성숙 수준은 자신의 발달 단계나 실제 생물학적 나이와 일치하지 못하는 경우가 발생합니다. 이러한 불일치를 일치하도록 도와주는 역할이 부모의 몫이며 각 단계는 바로 이러한 정서적 성숙을 이끌어 내도록 구성되어 있는 것입니다. 이런 면에서 학교와 관련된 사건들에 대한 정직성, 신뢰 등은 성인으로서의 자율성과 책임감을 터득해 나가는데 있어서 가장 기초적인 것이라 할 수 있습니다.

2단계 : 단기 목표 및 장기 목표 설정하기

심리치료를 할 때 전문가들은 내담자를 만나 무턱대고 상담을 하지는 않습니다. 자연스럽게 친밀한 관계를 형성하고 치료 기법이 더해진 대화를 나누며 어떤 수준의 도움을 어떤 단계를 통해 주어야 할지를 계속적으로 고민하고 치료의 목표를 설정합니다. 그 목표는 당장 성취해야 할 것과 궁극적으로 성취해야 할 것으로 구분하고 각각의 목표를 단계별로 해결하기 위해 노력합니다. 이러한 원리가 2단계에서도 그대로 적용됩니다.

성취동기가 낮은 청소년의 대부분은 학업과 관련하여 모호하고 잘못된 목표를 설정하고 있는 경우가 많습니다. 앞에서 이야기한 것처럼 이러한 태도는 책임을 회피하는 하나의 방법이기도 합니다. 어떤 일에 대해 미리 대비하기보다는 눈앞에 닥친 일을 어쩔 수 없이 하는 것이 일에 대한 유일한 반응으로 나타나기도 합니다. 이 단계의 목표는 자녀 스스로가 원하는 성취 목표를 스스로 말하도록 하는 것입니다.

　부모는 학업과 관련해 자녀 스스로가 진짜로 원하며 스스로를 자랑스럽게 생각할 수준의 성적을 목표로 삼는 것에 신경을 써야 합니다. 부모가 원하는 목표가 아닌 자녀가 원하는 목표여야 합니다. 성취동기가 낮은 자녀가 가지는 문제는 성공에 대한 가치를 모르는 것이 아니라 가치를 살아있는 것으로 만들지 못하는 것에 있습니다. 즉, 성공을 자신의 생활 속에서 현실화 시키지 못하는 것입니다. 그렇기 때문에 목표를 설정할 때 명심할 것은 목표가 매우 구체적인 형태로 기술되어야 한다는 것입니다. 구체적이고 측정 가능하며 시간을 고려해야 하고 실현 가능성이 있어야 합니다. 예를 들어, 다음 중간고사, 영어 85점, 수학 75점과 같은 식으로 구체적으로 설정해 두어야 당신과 자녀는 자신의 목표에 얼마만큼 도달했는지 혹은 얼마만큼 부족한지를 알게 됩니다. 그래야만 모호하고 어정쩡한 태도로 얼버무리는 행동이 점차 사라지게 됩니다.

　적절하면서도 명확한 목표를 설정하는 것이 자녀에게 신경질이나 짜증을 불러일으킬 수도 있습니다만 잘 타일러 관철해 내야 합니다. 자녀와 함께 목표를 정하는 것은 특정한 목표에 대한 달성 가능성을 미리 예측하고 인식하는 것으로 이는 자녀가 측정 가능하며 책임 있는 행동을 하기 위한 첫발을 내딛는 중요한 출발점인 것입니다. 이 단계에 대한 자녀의 저항에 화를 내거나 또는 무시하지 않아야 합니다. 자녀들의 저항이 의미하는 것은 당신이 올바른 단추를 눌렀다는 것이고 반드시 거쳐야만 하는 과정을 시작했다는 것입니다. 저항하고 거부하는 자녀에게 부드럽고 관대한 태도를 유지하며 충분한 대화를 통해 문제를 해결해 나가야 합니다.

　일반적으로 성취동기가 낮은 학생 대부분은 저학년일 때에 높은 성취를 원합니다. 높은 성취가 나타나는 저학년 때에 높은 목표를 설정한다면 괜찮겠지만 성적이 좋지 않은 때 이 단계가 시작된다면 이들은 낮은 목표를 설정할 것입니다. 자녀가 원하는 등급이 무엇이든 자녀가 선택한 등급을 받아들여야 합니다. 만일 당신 생각에 자녀가 지나치게 높은 성적을 목표로 세웠다고 판단되면 당신은 실현 가능성을 생각하며 자녀가 실망하지 않도록 서서히 변화시킬 수 있도록 도와 주어야 하고 반대로 자녀가 너무 낮은 목표를 세웠다면 그 목표부터 달성한 이후에 이러한 기준을 조금씩 높이는 방향으로 이끌어 가야 할 것입니다.

성취동기가 낮은 청소년이 낮은 성적을 목표로 세우는 이유는 목표를 높게 설정하면 부모가 자신들에게 과도한 기대를 할 것을 미리 염려한 때문인 경우가 많습니다. 축적된 실패의 경험들로 인해 학교에서 자신이 잘해 낼 수 있을 것이라는 점을 믿지 못합니다. 그러나 이 단계가 잘 실행된다면 단계가 변화되어 갈수록 자녀의 목표 성적이 높아질 것입니다. 그러므로 이 단계에서 자녀가 설정하는 목표를 인정하고 받아들여 주는 것이 부모의 신뢰를 확인하는 길이기도 합니다. 또한 자녀가 자신의 내적인 문제들을 해결하는 만큼 자신의 역량에 맞는 정확하고 현실적인 목표를 설정할 수 있게 될 것입니다.

3단계 : 목표를 이루기 위한 방법 탐색하기

이번 단계의 목표는 자녀의 학습과 관련된 정보들과 현 수준에서 필요한 것들을 가능한 매우 구체적으로 파악하는 것입니다. 이 단계에서 부모들은 "너의 목표와 원하는 것을 어떻게 이룰 것이니?"라는 질문을 해야 합니다. 바로 설정한 목표를 이루기 위한 방법 즉, 구체적인 실천 사항을 탐색하고 정하는 것입니다. 부모는 자녀의 하교 후의 특정한 공부 습관과 시간을 보내는 방법들에 대한 질문을 해야 합니다. 자녀가 시간을 어떻게 쓰고 있는지 인식하도록 하기 위해 필요한 것이고 목표를 이루기 위해 어떻게 해야 할 지를 탐색하기 위한 것입니다. 일반적인 자녀의 학습 방법에 대한 질문도 가볍게 던져보는 것도 좋습니다. 정리하자면, 1. 실현 가능한 목표 설정, 2. 목표를 이루기 위한 방법 탐색, 3.자녀의 현재 공부 방법 질문 등으로 요약할 수 있습니다.

이 단계는 단 한번에, 혹은 앉은 자리에서 완성되는 것은 아닙니다. 이 단계는 학기 내내 혹은 학년 내내 지속적으로 시행되어야 합니다. 자녀가 해야 할 일이 무엇인지를 묻는 질문을 통해 부모는 자녀의 학교 생활의 세부 사항에까지 초점을 맞출 수 있습니다. 부모는 자녀의 세부적인 생활을 알게 됨으로써 일상적으로 해야 할 것들을 근거로 장기목표를 수립하는 것이 더 쉬워질 것입니다.

위와 같은 과정을 거쳐 탐색하면서 자녀가 지금까지 해온 방법들이 얼마나 구체적이지 못하고 모호한지 쉽게 발견할 수 있을 것입니다. 성취 동기가 낮은 청소년 대부분이 학업 성취와 연관된 자신의 행동, 태도, 느낌 등을 객관적으로 관찰하기 어렵습니다. 빈약한 자기 관찰, 즉 스스로에 대한 통찰이 떨어지는 것을 막기 위해서 목표를 이루기 위한 실천 사항에 대한 모호한 태도와 모호하게 대답하는 자세를 가능한 허용하지 말아야 합니다. 이는 자녀 자신의 행동과 학습을 하기 위해 필요한 지식의 차이를 발견하기 위한 것입니다. 자녀에게 앞으로 있을 시험까지 필요한 공부가 얼마 정도 되는지 묻는다면 자녀는 다음과 같이 애매모호하게 대답할 지도 모릅니다. "잘 모르겠어요. 경우에 따라 다르겠지요." 이러한 때에 부모는 반드시 다음과 같이 물어야 합니다. "구체적으로 어떤 경우에 따라 어떻게 다르니?" 하고 말입니다. '경우에 따라 다르다.'는 대답은 사실 자녀가 당신에게 어떠한 정보도 제공해 주지 않겠다는 의미와도 같습니다. 거듭된 질문에도 자녀가 여전히 모호한 대답을 한다면 지속적으로 자녀의 학습과 관련된 모호한 영역들에 대해 기록해 두어야 합니다. 바로 화를 내거나 지적하기보다 노트에 적어두는 것이 좋습니다. 노트에 기록하는 것은 자녀의 불성실한 태도에 대해 화가 나는 감정을 진정시키는 효과를 나타낼 것입니다. 그리고 자녀가 자신의 학업에서 요구되는 것에 대해서 무엇을 알고 무엇을 알지 못하고 있는지에 대해 명확히 이해할 수 있는 좋은 자료가 될 것입니다.

자녀가 학교에서의 행동에 대해서도 모호한 대답으로 일관한다면 최근의 행동에 대해 초점을 맞추는 것이 좋습니다. 유용한 정보를 이끄는 질문은, 자녀의 귀가 시간, 공부나 일을 하도록 이끄는 일련의 행동, 해야 할 일을 하는데 걸리는 시간, 휴식을 취하는 때, 공부를 끝내는 시간, 다른 활동(컴퓨터 게임, 전화 수다, 텔레비전 보기 등)을 하는데 걸리는 시간, 취침 시간 등과 같이 일상생활에 대한 정보를 확인하는 것을 말합니다. 이러한 정보를 통해 당신의 자녀가 학교에서 자신의 시간을 어떤 식으로 활용하는지 알 수 있게 될 것이고 수업 준비는 어떻게 하는지 등에 대해 대략의 윤곽이 그려질 것입니다.

이러한 정보를 얻고 이해하는 과정에서 비난하거나 판단하는 등의 행동을 보여서는 안 됩니다. 이 단계에서 실행하는 사항들은 나중에 변화를 이끌어 내기 위한 기본이 되는 정보를 얻기 위한 것입니다. 아이를 비난하기 위한 정보를 수집하는 것이 아님을 명심해야 합니다. 자녀가 제공하는 정보에 대해 이렇다 저렇다 평가하는 것도 자제하고 조언이나 어떤 규칙을 제시해서도 안 됩니다. 또한 자녀의 감정이나 기분, 동기 등에 대해 더 많은 정보들이 모이기 전까지 괜히 넘겨짚는 식의 추측도 별로 좋은 방법이 안 됩니다.

이 단계 동안 부모는 앞 단계와 마찬가지로 자녀의 저항을 경험할 수도 있을 것입니다. 성취동기가 낮은 청소년은 자신이 구체적인 정보를 제공할수록 더 자신에 대해 잘 설명할 수 있다는 사실을 알기 때문에 일반적으로 자신에 대한 책임감을 피하기 위해 저항합니다. 부모가 묻는 모든 질문에 대해 짜증을 낼 수도 있습니다. 자녀가 짜증을 내고 화를 낼 지라도 부모는 가능한 이러한 상황에 대해 중립성을 유지하는 것이 좋습니다. 이 단계에서의 저항과 적대감은 당신의 자녀가 자신의 내면에서 느껴지는 불안과 불편함을 덮기 위한 것이기 때문입니다. 당신의 일관된 긍정적인 부모로서의 자세는 자녀로 하여금 부모가 인내심을 가지고 친절히 자신을 기다려 주고 있다는 점을 배우게 할 것입니다. 이는 당신이 1단계에서 약속한 것이기도 합니다.

부모의 질문에 대한 자녀의 정서적 반응은 낮은 성취동기의 유형 중 자녀의 유형이 어떤 것인지 인식하게 해줄 것입니다. 예를 들어, 미루는 유형은 당신의 요구를 미루도록 요구하거나, 자신이 제공할 수 있는 것 이상의 정보를 원하고 있다고 하거나, 점점 화를 내거나, 때로 아무 말도 하지 않고 침묵을 지킬 것입니다. 완벽주의형은 대화를 시도하는 당신을 보고 안절부절못할 것이고 압박을 느끼기도 할 것이며 당신이 원할 것이라 생각하는 사실들에 대해서만 반응하며 실제 자신의 상황보다 나아 보이기 위해 애쓸 것입니다. 또 자포자기형은 당신의 질문이 자신을 벌주는 것으로 받아들일 것이며 대화가 시작되는 순간 우울함을 느끼기 시작할 것입니다. 수줍은 유형은 당황할 것이며 또는 자신이 비난받고 있다고 느낄 것입니다. 사교형은 당신이 이 단계를 시작하자마자 지루해 하며 시선을 회피하고 딴 짓을 할 것이고 거짓말 유형은 부모를 대놓고 비난하거나 대화의 초점에서 벗어난 말들을 할 것입니다. 더 나아가 당신에게 죄책감을 느끼도록 할 수도 있습니다. 이러한 다양한 반응들은 학업과 연관된 자녀의 정서적 유형을 보여 줍니다.

만일 이 단계에서 위와 같은 부정적인 반응이 나타난다면 부모는 자신이 무엇인가 잘못하고 있다고 생각할 수 있습니다. 그리고 자녀의 부정적이거나 반항적인 반응에 대해 충격을 받고 심한 경우 이러한 시도를 중단하는 경우도 있습니다. 성취동기가 낮은 자녀들은 스스로 실패하는 선택을 매순간 결정합니다. 자신이 실패를 선택하고 있음을 인식하지 못하면서 말입니다. 그들이 자신의 잘못된 선택을 정확하게 바라볼 수 있을 때까지 자기 부정적이며 자기 파괴적인 행동을 되풀이할 것입니다. 부모가 이러한 자녀들을 돕기 위해서는 힘든 과정을 거쳐 성숙할 수 있도록 인내심 있게 기다려 주고 일관되게 도움을 주어야 합니다. 만일 부모가 이들이 도망갈 수 있는 도피처가 된다면 결코 자녀의 문제는 해결되지 않을 것입니다.

부모가 합리적이고 긍정적인 행동과 태도를 보임에도 불구하고 어떤 자녀들은 분명 자신의 감정이 점점 더 불쾌해짐을 느낄 것입니다. 이유가 무엇이든 당신이 느끼기에 자녀와의 대화가 평행선을 달리고 점점 서로 부정적인 반응으로 진행된다면 잠시 대화를 중단하는 것이 더 좋습니다. 그러나 이러한 침묵의 시간이 길어서는 안 되며 서로의 마음이 가라앉을 때까지 기다리는 정도가 적당할 것입니다. 그 시간은 15분이 될 수도, 30분이 될 수도 있습니다. 그 다음 다시 차분한 마음으로 이야기를 시작하는 게 좋습니다.

부모와 대화를 할 때 어떤 자녀는 부모가 화가 나서 자신을 두고 떠나버리거나 좌절해서 자신에게 더 이상 관심을 기울이지 않으며 아무런 말도 하지 않을 것이라 생각할 수 있습니다. 아마도 이 글을 읽고 있는 부모들은 누구나 한 번쯤 자녀에게 그러한 의심을 샀을 것입니다. 과거에 그러했다 하더라도 지금 이 순간부터는 매우 차분하고 인내심을 가진 태도로 자녀의 문제점에 대해 서로 진솔하게 대화할 수 있는 느긋한 태도를 보여 주어야 합니다. 자녀가 자신에 대해 솔직하게 말하는 동안 그 내용이 부모로서 견디기 힘든 것이라 하더라도 차분하고 진지한 태도를 견지해야 합니다. 그렇게 한다면 당신의 자녀는 첫 대화 시간에 당신이 매우 진지하고 자신이 어떤 말을 하여도 자신을 떠나지 않을 것이라는 안도감을 가지게 될 것입니다. 그러한 마음이 들기 시작한다면 자녀는 점점 자신을 개방할 것이며 협조적인 태도로 바뀔 것입니다.

부모가 또 하나 명심할 것은 이 단계에서는 서둘러 자녀에게 공부 기술을 가르쳐 주거나 조언을 해주지 말아야 한다는 점입니다. 기본이 되는 원칙은 자녀의 목표 달성을 위해 언제, 어디서, 어떻게 공부할 것인가에 대한 정보를 얻어야 한다는 것입니다. 기억법 및 암기법, 경청 기술, 쓰기 기술 등의 문제점들은 이러한 대화 이후에 자연스럽게 드러나게 될 것입니다. 이 단계에서의 대화를 통해 자녀가 원하는 것이 무엇이며, 무엇을 알고 무엇을 모르는지에 대한 정보를 얻을 수 있다면 대단히 성공적인 것입니다. 이런 단계에 오르면 자녀의 문제점을 더 정확하게 탐색하게 될 것이며 자녀 스스로 문제를 해결할 방법을 함께 고민하게 될 것입니다. 예를 들어, 당신의 자녀가 좋은 성적을 얻기 위해 7시에서 8시까지 매일 한 시간씩 공부를 하기 위한 목표를 세웠다고 가정해 봅시다. 그러나 자녀는 7시 30분이 되었는데도 공부를 하지 않고 컴퓨터 게임을 하거나 TV를 시청하고 있습니다. 당신은 이때 3단계를 실천하고 있기 때문에 자녀가 자신이 말한 대로 행동하지 못하고 있다는 사실을 다루어야 합니다. 당신은 위에서 언급했던 소크라테스의 문답법과 같은 방법을 통해 자녀가 자기 스스로 자신이 한 약속을 지키지 않고 있다는 점을 깨닫도록 해주어야 합니다. 이러한 과정을 통해 부모는 자연스럽게 자녀의 현재 문제를 해결하는 위치에 있게 되는 것입니다.

4단계 : 하나의 문제를 선택하여 자녀의 시각에서 탐색하기

지금까지의 과정을 통해 당신의 자녀가 가지는 여러 가지 문제점을 충분히 발견할 수 있을 것입니다. 이제 자녀가 가진 여러 문제점 중에 시급히 해결할 문제 하나를 선택하십시오. 그러한 문제를 선택하는 좋은 방법 중 하나는 자녀에게 자녀가 정한 목표를 이루는데 있어서 가장 중요한 영역이 무엇인지 물어보는 것입니다. 가치 있는 문제가 해결될 경우 성적 향상을 가져올 것이며 동시에 내재되어 있는 자녀의 문제의 원인을 당신과 자녀가 찾아내는 데 도움을 줄 것입니다. 더불어 자녀가 가지고 있는 하나의 문제만이라도 해결된다면 자녀의 성적이 올라가며 책임감이 향상되는 효과를 볼 가능성이 매우 높습니다.

4단계의 목적은 해결할 가치가 있는 문제를 선택한 이후, 문제에 대한 자녀의 시각을 완벽하게 이해하는 것입니다. 언제, 어디서, 누구와, 어떻게 연관되는지, 또 자녀의 성적, 집중력, 학습 동기 등에 관련된 구체적인 사례를 많이 얻어야 합니다. 더불어 자녀의 문제와 관련된 행동, 태도, 느낌에 대한 정보를 얻으십시오. 자녀의 인생에서 지금까지 계속적으로 진행되어온 문제가 얼마나 오래 된 것인지 찾아내고 그 문제가 시작된 이후 얼마나 자주 자녀에게 일어났는지 찾아내야 합니다. 가능한 자녀의 시각에서 자녀의 문제가 어떤 것인지 이해하도록 애를 쓰는 것이 중요합니다.

여기서 말하는 것을 정말 최선을 다해 이행하려고 한다면 아마 자녀가 하고 있는 말을 하나하나 놓치지 않기 위해 열심히 듣고 있는 자신의 모습을 보게 될 것입니다. 그렇게 함으로써 자녀의 내면에 존재하는 진짜 자녀와의 대화를 할 수 있는 단계에 이르는 것입니다.

그러나 여전히 4단계는 자녀의 행동을 변화시키는 단계는 아닙니다. 이 단계에서 자녀는 자신이 부모로부터 이해받고 있으며 자신의 말을 정말로 부모가 귀담아 듣고 있다는 것을 느낄 수 있게 될 것입니다. 자녀는 자신의 부모가 늘 긍정적이며 헌신적으로 돌보아 주는 존재라는 사실을 경험하게 됩니다. 자신의 부모가 문제 중심적인 사고로 잘못된 결론을 성급히 내어버리는 사람이 아니라는 사실도 깨닫기 시작할 것입니다. 상담을 하면서 자주 보게 되는 상황은 대부분의 부모가 진정으로 자녀와 대화하는 법을 모르고 자녀의 입장에서 세상을 바라보는 것이 어떤 것인지 이해하지도 못한 상태에서, 자녀가 자신의 마음을 몰라 준다고 이야기하는 것입니다. 그러면서 자녀가 자신이 생각하는 모습으로 성장하고 변화되기를 바라기만 합니다. 눈에 보이는 자녀의 행동 자체는 매우 중요한 정보를 제공하기는 하지만 그것이 자녀의 전부는 아닙니다. 같은 행동을 보인다 하더라도 매우 다양한 이유와 환경, 동기, 느낌으로부터 나오는 것이기 때문입니다.

이 과정을 통해 부모는 자녀 내면의 세계에 대해 이해할 수 있는 기회를 얻을 수 있습니다. 이는 자녀에게 깊이 있는 공감이 가능함을 의미합니다. 다시 말해, 부모인 당신은 자녀가 느끼는 감정을 동일하게 느끼고 심지어 자녀 스스로도 알아채지 못했던 깊은 마음까지 공감을 통해 느낄 수 있다는 것입니다. 예를 들어, 자녀가 다른 누군가가 자신에게 하는 행동으로 인한 문제점을 호소했다고 합시다. 대부분의 부모는 겉으로 표현된 자녀의 화나고 힘든 감정에 대해 쉽게 공감할 수 있을 것입니다. 그러나 이 단계에서 요구하는 수준의 공감은 자녀의 분노 이면에 깔려있는 무기력, 수치심, 두려움, 실망 등의 감정까지도 느끼는 것을 의미합니다. 사실 이러한 감정은 논리적인 사고를 통해 알아챌 수 있는 수준보다 매우 깊이 있는 정서입니다.

부모가 진심으로 공감하고 있다는 사실을 자녀가 신뢰한다면 가족 간의 유대는 더욱 강화될 것이고 부모는 대화를 통해 자녀에게 도움이 되는 조언과 지혜를 전해 줄 수 있습니다. 부모와 자녀 간의 진솔한 대화의 필요성에 대해 전문가들이 자주 언급하는 것도 그 때문입니다. 자녀가 바라보는 학업에 대한 시각을 이해하지 못하고는 함께 협력해 문제를 해결하기가 어려울 것이며 성취 동기가 낮은 자녀가 가지는 본질적이며 만성적인 문제인 빈약한 성취와 낙담이라는 문제를 변화시키는데도 어려움이 있을 것입니다. 더불어 이러한 공감대 없이, 자녀의 동기와 성취를 변화시키기 위한 처벌과 보상, 과외, 공부기술 조언 등의 시도는 실패할 우려가 매우 높음을 상기해야 합니다.

특정한 문제에 대한 자녀의 사고와 시각을 이해하는 것은 두 가지의 사실을 인식할 수 있게 합니다. 하나는 당신의 자녀가 자기 자신과 자신이 어떤 식으로 행동하는지에 대해 모호한 인식을 하고 있다는 것입니다. 자신에 대한 모호한 인식은 청소년들이 특정한 자기 자신의 문제를 분석하도록 하는데 방해 요소로 작용하며 자기 파괴적인 행동을 유지하는 요인으로 작용합니다. 학습에 대한 태도를 성공적으로 변화시키기 위한 계획의 기저가 되는 자기 자신에 대한 충분한 정보를 인식할 수 있도록 도와 주기 위해서는 이 단계에서 자녀의 경험과 연관된 구체적 사실과 자녀의 시각에 대한 분석에 초점을 두어야 합니다. 또 다른 한 가지는 실패에 대한 그럴싸한 변명에 대한 인식입니다. 변명은 자신의 실패와 열의 없는 학습태도를 정당화 하거나 설명하는 데 사용하는 방법 중의 하나에 불과한 것입니다. 예를 들어, 국사 과목에서 낮은 점수를 받는 이유가 지루하고 재미가 없어서 공부할 마음이 생기지 않기 때문이라고 말하는 학생은 이 문제는 나의 문제가 아닌 외부의 책임이라는 잘못된 인식을 가지고 있는 것이라 할 수 있습니다. 또한 과목 자체가 지루한 것이라면 자신이 할 수 있는 것이 그렇게 많지 않다는 잘못된 신념이 작동하고 있는 것입니다. 자신이 열정적으로 공부를 하고 좋은 성적을 받기 위해서는 교사가 자신을 그렇게 만들 책임이 있다고 생각하는 것입니다. 지루함과 같은 감정적 상황에 대한 책임감은 변화될 필요가 있습니다. 부모는 이 단계에서 이러한 자녀의 주관적 감정과 사고에 대해 대화를 나누고 올바르게 인식시키고자 할 때, 직접적으로 다루어서는 안 됩니다.

이러한 작업을 효과적으로 수행하기 위해서 부모가 활용할 만한 상담 기법을 한 가지 소개해 보겠습니다. 상담 장면에서 내담자와의 상담을 통해 직접적으로 어떤 문제를 인식시키는 것보다 내담자의 반응을 그대로 되돌려 보여줌으로써 스스로 통찰을 가지게 하는 방법이 효과적일 때가 있습니다. 이러한 반응을 반향적 반응, 혹은 반향적 경청이라고 설명합니다. 예를 들어, 자녀가 "스스로는 집중을 하지 못하겠어요.", "혼자서는 어떤 일을 스스로 시작하지 못하겠어요."라고 이야기합니다. 이러한 말에 대해 그 이유를 직접적으로 묻는 것보다는 "집중이 안 될 때 무기력하게 느껴지는 느낌은 어떤 것인지 설명할 수 있겠니?"라는 식으로 반응을 해 주는 것입니다. 자녀는 스스로 자신의 지루한 상황이나 집중이 안 되는 상황에서 경험하는 무기력함을 인식하지 못하고 있음을 깨닫게 됩니다. 자신의 무기력함을 단순히 거울에 비춰 주듯 인식시켜 되돌려주는 것입니다.

이러한 반향적 반응은 매우 효과적이면서 더불어 위협적이지 않게 자녀가 자신의 문제를 인식할 수 있도록 도와 줍니다. 만일 이러한 반향적 반응에 대해 잘 이해하지 못하거나 적절히 활용하는데 어려움이 있다면 자녀와의 대화를 녹음하거나 노트에 그대로 기록해 보고 다시

한 번 검토해 보십시오. 그렇게 한다면 자녀가 어떤 마음을 가지고 있으며 변명을 하는 본질적인 이유를 파악하는데 매우 유용할 것입니다. 본질적 이유가 파악되면 더욱 쉽게 자녀의 마음을 비쳐 줄 수 있을 것입니다.

5단계 : 목표 달성이나 실패에 대한 자녀의 현재 문제 탐색하기

이 단계의 목표는 당신의 자녀가 자신의 문제와 학교에서 자신의 목표를 성취하지 못하는 것 사이의 관계를 이해하도록 하는 것입니다. 문제의 본질, 그리고 그 문제로 인한 결과 사이의 관계는 명확하고 분명하게 모호함 없이 밝혀져야 할 부분입니다. 낙담하고 있는 자녀는 오늘 할 일과 내일의 결과 사이의 연결을 잘라냄으로써 미래에 대한 자신의 불안함을 숨긴다는 것을 명심해야 합니다. 나쁜 성적을 받는 건 원하지 않는다고 말하면서도 오늘 어떠한 행동을 하는 또는 어떠한 행동을 하지 않는 것이 어떤 결과를 낳게 되는 지는 인식하지 못하고 있음을 주시해야 합니다. 심각한 수준의 미루는 습관을 가지고 있는 청소년은 자신의 숙제나 해야 할 일을 미루어서 필연적으로 실패를 야기할 것이라고 일러 주어도 자신이 합리적으로 행동하고 있다고 인식합니다. 매번 미루는 행동을 할 때마다 자신에게 책임이 있음에도 불구하고 그렇게밖에 할 수 없는 불가피한 이유가 있는 것처럼 행동합니다. 가끔 자신의 지난 행동을 돌아보면서 자신의 미루는 행동 패턴을 되돌아보는 경우도 있으나, 실제로 자신이 미루는 행동을 할 당시에는 이러한 행동이 주는 위험성을 전혀 인식하지 못합니다.

이 단계에서 부모는 자녀에게 자신의 문제로 말미암은 명백한 결과 사이의 연결고리를 우선적으로 찾아낼 수 있도록 도와 주어야 합니다. 성취동기가 낮은 자녀는 오늘과 내일의 연결을 보지 못하기 때문에 스스로가 실패에 대한 결정을 한 것을 회피하려 듭니다. 지금 하는 변명이 미래의 나쁜 결과와 어떤 연관이 있는지 명백하게 관찰하고 인식하는 과정을 통해 자녀의 양심은 자신의 행동과 연결될 수 있습니다. 자녀는 서서히 자신이 얼마나 자신의 가치를 파괴하였는지 보기 시작하고 변화에 대한 내적인 동기를 스스로 다져가기 시작할 것입니다.

여기서 주의할 것은 자녀에게 너무 쉽게 공부기술이나 방법을 알려주거나 자녀가 나아가야할 방향을 부모가 일방적으로 제시해 주지 말아야한다는 점입니다. 여러 번 언급했듯이 성취동기가 낮은 청소년 대부분은 주변사람들에게 자신의 문제를 떠넘기려는 의존성을 은연중에 드러내기 때문입니다. 변화는 그렇게 쉽게 찾아오지 않습니다. 타인이 제공하는 단순한 해결책으로 낮은 성취동기를 가진 자녀의 본질적인 문제가 쉽게 해결되기는 어렵습니다. 자녀에 대한 비방어적이며 진솔한 태도는 자녀로 하여금 스스로도 비방어적이며 진솔한 태도를 보이도록 변화시킬 것입니다.

6단계 : 성취문제를 해결하기 위한 구체적인 계획 세우기

이 단계의 목표는 자신의 행동에 대한 책임을 회피하지 못하도록 하는 것입니다. 이전의 과정을 통해 자녀의 문제가 확인되었으며 그 문제에 관해서 어느 정도 의견이 일치되었을 것입니다. 이제 자녀는 이러한 문제를 해결해야만 합니다. 부모는 자녀가 부모에게서 답을 구하려고 하는 의존성의 고리를 끊어내야 합니다. 부모가 해결책을 제시해서는 안 됩니다. 해결책이 또 다시 부모에 의해 마련된다면 자녀의 의존성은 더욱 강화될 것이며 악순환은 반복될 것입니다.

부모는 자녀가 해결책을 스스로 찾아내도록 도움을 줘야 합니다. 해결책의 목록을 머릿속에 미리 준비하지는 말고 자녀의 해결책이 어느 정도 타당성이 있는지 지켜봐 주어야 합니다. 일단 자녀가 해결책을 머릿속으로 생각하기 시작한다면 이제 문제 해결에 적절한 사고에 유익한 질문을 해야 합니다. 문제해결에 장애가 되는 사항들을 자녀가 어떻게 다룰 것인가에 대한 고민도 질문 속에 포함되어야 합니다.

이 단계에서 자녀의 저항은 당연한 것입니다. 자녀는 '잘 모르겠는데요.', '저에게 묻지 마세요.', '제가 어떻게 알아요!'라고 말할 것입니다. 부모는 울컥 화가 치밀어 오르더라도 참아야 합니다. 저항에 당면했을 경우 자녀가 혼자 생각할 수 있도록 자기 방이나 간섭받지 않는 장소에 있도록 하는 것도 좋은 방법입니다. 그럼에도 자녀의 저항이 멈추지 않는다면 전문가의 도움이 필요합니다.

자녀가 문제 해결을 위해 해결책을 마련했다면 이제 시도할 차례입니다. 문제를 해결하기 위해 얼마나 고심했는지 물어보고 격려해 줍시오. 부모에게도 어려운 과제임을 말해 주고 자녀가 좋은 해결책을 떠올렸다면 바로 알려 달라고 부탁하십시오. 이러한 과정이 자녀로 하여금 시간이 얼마나 걸리던 자신의 문제 해결은 스스로 책임져야 하며, 부모는 단지 기다려 주는 역할밖에 수행할 수 없음을 깨닫게 되어 독립적이며 자주적인 자세로 자신의 문제 해결에 적극적인 성향으로 개선될 것입니다.

자녀가 해결책을 제시한다면 매우 모호하고 빈약해 보여도 부모는 진지한 태도로 그 방안에 대해 구체적인 부분까지 논의해야 합니다. 좋은 계획은 구체적이고 명확하며 행동으로 나타나는 것입니다. 좋은 계획을 행동으로 옮기면 성공적인 결과는 당연히 따라오는 것입니다.

부모는 자녀와 더불어 계획을 시행하는데 장애가 될 만한 요소들이 무엇인지 하위계획에 대해서도 논의를 해야 합니다.

곧 느끼게 되겠지만 이 단계는 매우 지루한 기다림을 동반합니다. 인내, 시간, 열정이 꼭 필요합니다. 부모는 자녀가 거둘 미래의 성과를 가장 훌륭한 이미지로 마음속에 간직하고 이 단계를 견뎌 내야 합니다.

만일 자녀가 어떠한 노력도 하지 않고 수동적인 태도를 지속적으로 보인다면 부모는 자녀의 의존성과 정서적 문제를 다루어야 합니다. 전문가의 도움을 받는 게 좋을 수도 있습니다. 수동적인 자녀는 부모가 보기에 결코 효과적이지 않을 해결책을 제시하는 경우가 많습니다. 이때 부모는 자녀 스스로 자신의 해결책이 실패할 것이라는 사실을 인식할 때까지 기다려 줄 필요가 있습니다. 이 정도까지 부모가 인내할 수 있다면 자녀는 자신의 행동에 대한 책임회피를 더 이상 할 수 없음을 스스로 인식하기 시작할 것입니다.

7단계 : 자신의 계획과 관련하여 성공과 실패를 다시 확인하기
- 실패나 성공을 일으키는 원인 분석하기

이 단계의 목표는 자녀가 성취적이며 긍정적인 성향을 형성하는 것입니다. 이 단계를 통해 계획을 따름으로써 성취를 경험한다는 사실과, 따르지 않음으로써 실패를 경험한다는 사실을 인식하게 될 것입니다. 이 단계에서 성적이나 결과보다 계획에 따라 실행하는 게 더욱 중요합니다. 정해진 계획대로의 수행 자체가 더 중요한 측면임을 인식하는 것이 이 단계에서의 핵심입니다. 성공은 계획에 따라 수행한 결과이며 실패는 계획대로 하지 않은 결과입니다. 자녀는 이러한 진리를 명확하게 인식해야 합니다. 즉 자신의 성공과 실패는 자신의 행동과 선택에 달려있다는 것을 명확히 인식하는 것입니다.

어떠한 훌륭한 계획도 그 계획을 세우는 결정의 순간이 있습니다. 예를 들어 책상에 앉아 공부를 하거나, 주의를 집중하거나, 지루함을 이겨내거나, 집에 와야 할 시간을 결정하거나, 숙제를 하려고 하는 등의 결정의 순간 말입니다. 성취동기가 낮은 청소년이 새로운 삶의 방식을 적용해서 성공적이며 스스로 존경하는 태도를 형성하기 위해서는 그러한 순간에 자신의 행동을 잘 선택해야 함을 인식해야만 합니다. 부모는 자녀를 잘 관찰하여 반드시 그러한 결정의 순간을 분리시켜야 합니다. 그리고 어떤 결정을 어느 순간에 했는지 물어보아야 하며 그 순간에 계획에 따라 행동했는지 물어보아야 합니다. 자녀가 계획을 따르지 않고 뒤로 미루는 결정을 내리고 행동했다면 자녀는 미래의 결과에 대해 부모에게 또렷하고 조리 있게 설명할 필요가 있습니다. 또한 그 반대로 계획을 따라서 행동하도록 결정했다고 해도 역시 미래의 결과에 대해서 조리 있게 설명하도록 해야 합니다.

결정과 결과에 대한 철저한 점검과 반성은 필수적인 것입니다. 왜냐하면 이러한 과정을 통해 자녀는 특정한 순간에 의식 없이 단순하게 결정하는 태도가 사라지기 시작할 것이며, 결정의 결과로 인해 미래에 어떤 결과를 야기하게 될지에 대해 점점 깊이 있게 인식할 것이기 때문입니다. 이를 통해 자녀는 성취와 실패가 스스로의 결정에 따른 것이라는 사실을 인식하기 시작하고 궁극적으로 자신의 결정을 통제하려고 할 것입니다. 만일 자신이 예측한 결과가 그렇게 좋은 것이 아니라면 자녀들은 그들의 결정을 바꾸려고 할 것이며 정확하게 자신의 결정이 야기하는 결과에 대해 판단하기 시작할 것입니다.

성취동기가 낮은 아동, 청소년 대부분이 미래의 결과를 스스로가 결정하고 있다는 사실을 인정하지 않으려고 합니다. 그들은 실패의 원인이 밖에 있는 것으로 생각합니다. 자녀가 충분히 자신의 결정에 대해 분석하기 시작하면 자신에게 일어나는 일이 자신의 책임임을 더욱 명확하게 인식할 것이며 자신의 방식에 대해 좀 더 걱정하기 시작할 것입니다. 성취동기가 낮은 자녀가 자신에 대해 더 걱정하고 불안해하는 것은 수동적이고 의존적인 반응보다 훨씬 긍정적인 신호입니다. 새로운 동기를 형성할 수 있는 가능성을 보여주는 것이며 진정한 의미에서 스스로를 통찰하는 것이기 때문입니다.

8단계 : 자기 돌아보기 – 자신의 계획에 대한 갈등과 느낌을 탐색하기

이 단계의 목표는 당신의 자녀가 자신의 내면을 바라보도록 하는 것입니다. 성취동기가 낮은 자녀에게 오랜 습관을 바꾸도록 하는 모든 시도는 혼란과 의심을 야기합니다. 이 단계에서는 자녀가 자신이 경험하고 있는 갈등과 감정에 대해 스스로 솔직하게 말할 수 있는 방법을 배우도록 할 것입니다.

부모는 자녀가 자신의 좋고 나쁜 감정, 계획에 따른 결과를 인식할 수 있도록 도와 주어야 합니다. 인생의 선택에서는 이익과 더불어 희생도 존재하는 법입니다. 자녀는 어떤 힘든 공부나 일을 하기 위해 자신의 즐거움과 쾌락을 포기하고 고통을 선택해야 하며 자신이 하기 싫어하는 일도 해야 함을 인식하기 시작할 것입니다. 이들은 자기-훈육이 고통스럽다는 것을 발견할 것입니다. 성공이 가져다 주는 긍정적인 감정과 자기-훈육의 긍정적인 감정은 모호하기 때문에 한동안은 긍정적인 경험을 하지 못할 수도 있습니다.

이 단계는 성취동기가 낮은 청소년이 좋던 싫던 간에 자신의 모든 일은 스스로 선택하고 결정해야만 하는 필연적 이유를 깨닫게 만드는 것입니다. 순전히 스스로의 통제 영역 안에 자신의 결정이 존재한다는 것을 인식하고 그에 따른 성공과 실패를 경험해 본 자녀는 그간의 오랜 변명과 무책임을 되풀이하기 어려워집니다. 이 단계에서 자녀는 더욱 본질적인 갈등에 직면하게 되는데 그것은 의존과 분노에 안주하려는 욕망과 더욱 독립적이며 책임감 있는 자세로 나아가려는 욕구 사이의 갈등입니다. 부모는 자녀가 긍정적인 행동을 함으로써 경험하는 부정적인 느낌들에 대해 함께 공감하고 이해하기 위해 노력해야 합니다.

이 단계 동안 부모는 자녀가 새로운 변화가능성에 대해 긍정적인 느낌을 가지길 원할 것입니다. 계획을 행동으로 옮겨 얻어낸 성취감과 긍정적인 느낌은 목표를 달성하는 중요한 요소입니다. 장기적인 측면에서 성취동기가 낮은 자녀는 이러한 감정을 적절히 유지하기 어렵습니다. 오랫동안 학교와 학업에 대해 부정적인 느낌과 감정을 지녀왔기 때문입니다. 자녀에게 공부는 여전히 부정적인 것으로 남아 있을 수 있습니다. 학교와 부모, 공부에 대해 부정적인 느낌을 가지려는 습관도 아직 다 버리지 못했을 수도 있습니다. 이러한 부정적인 연결고리를 끊어내고 긍정적인 측면으로 변화하도록 부단한 노력을 기울여야 할 것입니다.

이러한 변화를 완성하기 위해서는 자녀의 마음을 잘 살펴봐야 합니다. 자녀에게 계획을 따랐을 때의 느낌이 어떤 지에 대해 간단히 질문해 보십시오. 이 단계의 초반에는 이러한 질문에 대해 자녀는 무엇을 어떻게 말해야 할지 몰라 당황할 경우가 많을 것입니다. 공부나 학교와 관련된 감정이 부정적인 경우도 많을 것입니다. 그러나 계획을 실천한 다음에 얻어내는 성취감과 긍정적인 느낌에 대해 지속적으로 질문함으로써 자녀가 부정적인 고정관념에서 조금씩 벗어날 수 있을 것입니다. 이러한 과정을 통해 자녀는 불필요한 숙제라고 생각이 들어도 그 숙제를 수행하는 자체에는 긍정적인 느낌을 가지게 될 것입니다.

성취동기가 낮은 청소년 대부분은 숙제나 학업과 관련된 일을 할 때 머리에서 잡념이 떠나지 않습니다. 여러 가지 내면의 갈등을 경험하기도 합니다. 이로 인해 종종 숙제보다는 놀기를 선택하기도 합니다. 이 단계에서는 이러한 갈등을 자녀 스스로 드러낼 수 있도록 도와주어야 합니다. 일단 겉으로 표출되면 자녀는 자신이 점점 더 도움을 받고 있으며 부모에게 이해받고 있음을 느끼게 될 것입니다.

그러나, 기적을 기대하지는 마십시오. 독립적인 유형의 아이들은 자신을 위해 공부를 선택하는 것에 비해 의존적인 유형의 아이들은 공부를 피하려는 의식이 아주 강합니다. 이 단계를 진행할 때 자녀의 독립성과 의존성도 논의해야 합니다. 물론 자신의 감정이나 느낌을 바꾸는 것은 매우 어려운 일입니다. 그러나 이러한 노력이 있어야만 자녀는 자신의 진실한 감정과 갈등, 감정과 행동의 모순들을 통찰해가면서 자신의 내면을 바라보기 시작할 것입니다. 부모는 자녀의 가능한 수준에서 자녀의 사고, 감정, 갈등을 이해하도록 노력해야 합니다. 너무 많은 것을 강제로 밀어 붙여서는 안 됩니다. 부모는 자녀의 감정을 비추는 거울이 되어야 합니다. 자녀의 말과 감정을 있는 그대로 자녀 스스로 통찰할 수 있도록 비추어 주어야 합니다. 부모가 이 과정을 인내심을 유지하여 끝까지 긍정적인 태도를 보여 준다면 자녀는 스스로를 더 잘 믿기 시작할 것이며 자신에 대해 더 많은 진실을 말할 것입니다. 이러한 과정이 충실하게 이루어진다면 더욱 발전된 다음 단계를 시도할 수 있습니다.

9단계 : 계획에 대한 책임 굳건히 하기

이 단계는 전체적으로 가장 편안한 단계일 수 있습니다. 부모는 이전 과정을 통해 자녀의 공부 행동 패턴을 파악하고, 목표를 세우고, 목표를 실천하는데 따른 문제와 갈등을 만나고, 어떠한 문제에 대해 개입했으며, 계획에서 얻어지는 결과에 대한 결정과의 관계를 명확하게 하는 과정을 경험했을 것입니다. 각 단계를 진행하면서 자녀에 대한 더 많은 정보를 얻었을 것입니다. 또한 계획을 따름으로해서 경험하게 되는 자녀의 개인적 느낌, 사고, 갈등 등을 더 많이 이해하게 되었을 것입니다. 그러므로 이제 자녀에게 다음과 같이 말해야 합니다. '너는 너만의 계획을 세웠어. 이제 무엇을 어떻게 해낼 것이니?'

이러한 질문에 자녀는 자신의 계획을 실천하는데 의심과 불안을 떨쳐내지 못할 수 있습니다. 그럴 경우 부모는 매우 긍정적인 자세로 자신을 의심하는 자녀를 받아 주어야 합니다. 자녀가 어떤 감정을 경험하게 되던 부모는 항상 자녀를 지지하며 자녀의 고민을 성실히 들어주고 함께 해결할 의지가 있음을 알려 주십시오. 이러한 도전을 해보지 않은 청소년에게서는 의심과 불안조차 찾아 볼 수 없습니다. 의심과 불안은 스스로 자신을 통제하기 시작할 때 경험하게 되는 매우 긍정적인 감정입니다.

10단계 : 성공과 실패에 대한 결정의 결과 분석하고 뒤따르기

이 단계는 자녀가 실제 자신의 계획을 어떤 식으로 실천했는지를 추적해서 확인해 보는 것입니다. 자녀가 자신이 결정한 것을 성공적으로 성취했는지 혹은 실패했는지, 학교에서 내 준 숙제를 잊지 않고 잘 하고 있는지 혹은 그렇지 못한지 등에 관해 말입니다.

이 단계에서는 두 가지의 가능성이 있습니다. 계획대로 하고 있거나 혹은 하지 않고 있거나. 무엇이 되었든 당신은 성공과 실패에 관련된 구체적인 사항들에 대해 자녀에게 질문을 던져야 합니다. 이는 마치 추수를 한 후 '이삭줍기'와 같은 것이라 할 수 있습니다.

모든 사회적 행동 혹은 계획을 세워서 하는 행동은 일종의 연속적 사건들의 흐름이라고 할 수 있습니다. 이러한 사건들은 내적인 사건과 외적인 사건으로 나눌 수 있는데 내적 사건들은 바람, 사고, 자신에 대한 이해, 판단, 기억, 정서, 가치 등을 포함하고 있습니다. 내적 사건 중 몇몇은 자녀가 자신의 감정과 태도를 겉으로 드러냄으로써 눈으로 관찰할 수 있는 반면에 자녀가 자신의 내적 상태에 대해 스스로 표현하지 않은 부분은 알아내기 힘듭니다. '이삭줍기'는 자녀가 자신의 내적 상태에 대해 표현하도록 유도하는 것입니다. 즉 자기의 계획을 수립해서 따라가는 과정에서 경험한 성공과 실패, 그와 관련된 내적 상태를 설명하도록 하는 것입니다.

외적 사건들은 마치 카메라로 기록할 수 있듯이 명확한 부분입니다. 어떤 일이 일어나고 그 다음에 또 어떤 일이 일어나고 그 다음에는…… 하는 식으로 일련의 과정이 설명될 수 있는 성질의 것입니다. 예를 들어, 철수가 학교에서 돌아와 책을 들고 식탁에 앉았습니다. 그는 식탁에서 무엇인가를 먹고 밖에 나가 친구들과 놀기 시작합니다. 오후 5시경 집으로 돌아와서 식탁 위에 있는 책을 봅니다. 그리고 거실에서 텔레비전을 보고 저녁을 먹습니다. 그 다음 전화기를 붙잡고 이러저러한 대화를 하는 등으로 9시까지 시간을 훌쩍 허비해 버립니다. 그리곤 9시 30분경 잠을 잡니다. 아침에 허둥지둥 일어나서 학교에 갑니다. 자신의 숙제를 '잊어버려서' 못했다고 교사에게 말합니다. 이러한 일련의 과정이 외적 행동에 대한 설명입니다. 자, 이제 내면의 사건을 분석해 보겠습니다. 철수가 귀가하여 책을 들고 식탁에 앉았습니다. 그는 마음속으로 내일까지 영어숙제를 해야 할 것이라는 것을 기억합니다. 놀고 난 후 5시에 집에 돌아와서 다시 책을 보지만 속으로 말합니다. '조금 있다가 해야지.' 그러나 그는 숙제가 있었는지에 대해 다시 기억하지 못합니다.

철수가 숙제를 잊어버린 사건을 이해하기 위해서는 이처럼 외적, 내적인 사건의 흐름에 대한 이해가 있어야 합니다. 철수는 처음에 분명히 영어 숙제를 기억하고 있었습니다. 그러나 그가 그것을 기억하고 있었을 때 그는 그 순간 다른 행동을 선택했습니다. 즉 그는 숙제를 하지 않는 선택을 했던 것입니다. 이러한 내적 사건과 외적 사건의 이해를 통해 철수는 스스로 실패하는 선택을 했음을 이해할 수 있으며 성공할 수 있는 다른 가능성을 선택할 수도 있었음을 이해할 수 있습니다.

이러한 과정을 통해 부모와 자녀는 자녀가 과제를 하지 못한 혹은 공부를 하지 않은 근본적인 이유를 함께 추적할 수 있으며 이러한 행동의 결과로 인한 책임이 어디에 있으며 실제로 자녀의 기분과 사고는 어떤 상태였는지를 정확하게 이해할 수 있게 됩니다. 물론 대부분의 경우 위의 예처럼 외적, 내적인 사건들이 간단히 정리되지 않을 것입니다. 그러나 지속적으로 자녀와의 대화를 통해 부모가 귀담아 들으며 자녀의 행동과 마음의 사건과의 관계를 추적해서 파악하려고 한다면 점점 이러한 분석에 익숙해 질 것입니다. 이러한 과정을 통해 자녀는 자기관찰적인 태도를 배우기 시작합니다. 자기 관찰이란 나이가 들고 성장하는데 그에 발맞춰 성숙해지는데 있어 매우 중요한 태도입니다. 자기 관찰은 자녀로 하여금 자신의 사고, 감정, 태도, 기분, 지각이 무엇인지 정확하게 판단하게 하며 자신의 내적 상태에 대한 이유와 원인을 이해하는데 필수적인 기능을 합니다. 그래서 자기 관찰적인 태도가 행동상의 변화를 이끌어낼 수 있으며 이러한 기법은 동기형성이나 행동 수정에서는 매우 광범위하게 사용되고 있습니다.

부모가 오해하고 있는 것 중의 하나는 자신의 역할에 대한 것입니다. 매우 심각한 수준에서 오해를 하는 경우도 많습니다. 부모는 자신의 역할이 자녀를 행복하고 성공적이며 안정되게 만들어주는데 있다고 생각합니다. 하지만 이러한 생각은 종종 자녀 스스로 극복해 나가야 할 삶의 고통이나 어려움조차도 경험할 수 없는 과잉보호 형태로 나타나며 자녀는 나약하며 망가진 형태의 행동을 습득하게 됩니다. 또한 자녀의 잘못된 행동을 과잉보호하는 것과 마찬가지의 논리로 지나치게 심한 처벌을 행하여 문제를 더욱 악화시키는 행동으로 이어지기도 합니다.

지금까지 언급한 성취동기를 높이는 10단계는 궁극적으로 자녀들이 가지고 있는 잘못된 신념인 '공부를 잘하기 위해서는 오랜 고통을 견뎌야 하고 그 즐거움은 짧다.'라는 사고방식을 뒤집어 주는 것입니다. 또한 자신이 실패를 선택하는 무의식적인 태도와 방식을 인식시켜 주고 변명하거나 부정하는 태도를 변화시키는 것입니다. 성취동기가 낮은 자녀도 어렴풋하게는 알고 있습니다. 자신이 순간의 책임을 벗어나기 위해 변명하고 회피하는 것이 자신의 자신감을 얼마나 떨어뜨리고 또 스스로의 불안과 무책임을 얼마나 증가시키는지를 말입니다. 부모의 역할은 자녀의 이러한 불안과 떨어지는 자신감을 더욱 뼈저리게 경험하도록 하여 그 원인이 바로 자신의 잘못된 행동으로 인한 것임을 정확하게 인식시켜주는 것입니다. 이는 단순히 성적을 올리는 문제를 벗어나서 성숙된 성인이 되기 위해 또 성공적이며 성취적인 성인이 되기 위해 거쳐야 할 필수과정이기도 합니다.

|맺|음|말|

　이 책이 제시한 과정을 통해 자녀의 행동이 변화되었다면 분명 자녀와 부모와의 관계에서도 변화가 왔을 것입니다. 관계에서의 변화가 행동 변화의 원인이 된 결과입니다. 또 자녀를 위한 노력을 통해 부모 스스로도 자신의 무책임과 잘못된 습관들을 돌아보게 되고 스스로 변화해야 한다는 것을 경험했을 것입니다. 자녀는 부모의 얼굴을 보고 배우는 것이 아니라 부모의 뒤통수를 보고 배운다는 말이 무슨 의미인지 깨우쳤을 것입니다.
　자녀는 부모 자신의 복제품이 아닙니다. 부모는 자녀가 스스로를 부정적인 존재로 인식하도록 해서는 안 됩니다. 자녀가 자신의 길을 가기 시작하고 더 좋은 성적을 얻기 시작하면 부모가 정해 놓은 목표나 기대와는 다른 기대를 가지기 시작할 수도 있습니다. 그렇다면 부모는 이제 진정한 의미에서 자녀가 자기의 인생을 살기 시작한 것이며 또 자율성과 자발성이 무엇인지 깨닫기 시작했다고 인정해야 합니다. 이러한 모습에 불안해할 필요가 없습니다. 한 인간이 살아가는 동안 자율성과 자발성이 얼마나 많은 기적적인 일들을 이루어 내는지 부모는 경험으로 이미 잘 알고 있을 것입니다. 자녀는 성숙한 성인이 될 것이며 자신의 꿈과 목표를 성취할 수 있을 것입니다. 바로 이것이 모든 부모가 자녀에게 바라는 궁극적인 바람일 것입니다.

성취동기가 낮은 아동/청소년을 위한 checklist

1. 미루는 유형

NO	질문	예	아니오
1	오늘 해야 할 일을 내일로 미루는 경우가 자주 있다.		
2	어떤 일을 우선적으로 해야 하는지 잘 모르겠다.		
3	아무도 나를 이해해주지 못하는 것 같다.		
4	부모님은 종종 나를 실망시킨다.		
5	어쩔 수 없었다고 생각할 때가 많다.		
6	공부를 시작하는 게 힘이 든다.		
7	부모님은 약속을 잘 지키지 않는다.		
8	시험공부가 잘 안될 때 짜증만 난다.		
9	나는 남들이 나를 어떻게 생각할지 걱정한다.		
10	공부를 하지 않으면 혼나기 때문에 공부를 한다.		

2. 완벽주의형

NO	질문	예	아니오
1	다른 사람들 앞에서 실수를 하는 것은 용납되지 않는다.		
2	나는 가끔 고집스럽다는 말을 듣는다.		
3	나는 좋아하는 과목만 공부할 때가 많다.		
4	나는 친구들과 자주 다툰다.		
5	나는 남들에게 지고 싶지 않다.		
6	나는 남이 모르는 두려움이 있다.		
7	부모님은 사소한 일에도 크게 화를 낼 때가 있다.		

NO	질문	예	아니오
8	말을 잘 한다는 평가를 듣는다.		
9	학교의 규칙/규범 등이 이해가 가지 않는 것이 많다.		
10	머리가 좋고, 이해를 잘 한다는 말을 듣지만, 성적은 좋지 못하다.		

3. 자포자기형

NO	질문	예	아니오
1	성적을 잘 받고 싶지만, 공부하는 것을 쉽게 포기한다.		
2	나는 반에서 눈에 띄지 않는 편이다.		
3	피곤하다는 생각이 자주 든다.		
4	주의집중이 오래 지속되지 않는다.		
5	나는 자신감이 없다.		
6	사소한 일로도 부모님께 자주 혼났던 것 같다.		
7	친구들과 어울리기 보다는 집에 있는 것이 좋다.		
8	지루하다는 생각이 자주 든다.		
9	왜 사는지 모르겠다.		
10	학교에 가는 것이 싫다.		

4. 수줍은 유형

NO	질문	예	아니오
1	아무 생각 없이 눈으로만 책을 읽을 때가 많다.		
2	비난 받거나 꾸지람을 들으면 몹시 속이 상한다.		

NO	질문	예	아니오
3	남들이 나를 어떻게 생각하는지 신경 쓰인다.		
4	남들에게 말하지 않은 나만의 공상세계가 있다.		
5	여러 명의 친구와 어울려 지내기보다는 한 두 명의 친구와 친하게 지낸다.		
6	공부하는 시간은 길지만 시험은 잘 못 본다.		
7	공부를 왜 해야 하는지 모르겠다.		
8	시험 기간에 자주 배가 아프다.		
9	집중력이 부족하다는 소리를 듣는다.		
10	다른 사람이 말을 걸어오기 전에는 먼저 말을 걸지 않는다.		

5. 사교형

NO	질문	예	아니오
1	학원에서 공부하기보다는 친구와 놀려고 다닌다.		
2	학교에서 말썽을 일으켜서 교무실에 불려간 적이 있다.		
3	어떤 일을 하고나서 후회하는 경우가 많다.		
4	쉽게 화를 내지만 바로 풀린다.		
5	신체적 매력과 외모를 가꾸는 것에 신경을 많이 쓴다.		
6	친구와 잡담을 하며 보내는 시간이 길다.		
7	친구들로부터 주목받는 것이 좋고, 인기가 많은 편이다.		
8	부모에게 화를 낼 때가 많다.		
9	규칙/규범을 어기는 경우가 종종 있다.		
10	학교나 학원 숙제는 하기 싫어서 안한다.		

6. 거짓말유형

NO	질문	예	아니오
1	잘 되기 위해서 거짓말을 해도 된다고 생각한다.		
2	친구들이 가끔 나를 무시하는 것 같은 생각이 들 때가 있다.		
3	나는 특별하다.		
4	내 마음대로 되지 않을 때 쉽게 화가 난다.		
5	친한 친구들 사이에서도 소외감을 느낄 때가 많다.		
6	원하는 것을 얻기 위해 거짓말을 쉽게 한다.		
7	친구들에게 공부 못한다고 무시당하는 것이 싫어서 공부한다.		
8	누구라도 난처한 상황에서 문제를 해결하기 위해 거짓말을 할 것이다.		
9	나는 지금보다 더 어린아이로 돌아가고 싶을 때가 많다.		
10	나는 친구들에 비해 겁이 없는 편이다.		

높은 지능, 낮은 성적표

초판인쇄 2011년 4월 25일
초판발행 2011년 5월 3일

저　　자　장철현 외
발 행 인　서 정 환
편 집 인　백 시 종
주　　간　채 문 수
편 집 장　김 정 례
편집차장　박 명 숙
편　　집　권 은 경 · 김 미 림
펴 낸 곳　도서출판 **계간문예**

출판등록 2005년 3월 9일 제300-2005-34호
주　　소　서울시 종로구 익선동 30-6
　　　　　운현신화타워 207호
E-mail　qmyes@naver.com
전　　화　☎ 02) 3675-5633

값 9,000원

ISBN 978-89-6554-022-9 (03810)

파본은 본사나 구입한 서점에서 바꾸어 드립니다.
내용의 재사용은 저작권자의 동의를 받아야 합니다.